ÉLARGIR SA CONSCIENCE

LA THÉORIE DE LA GRANDE UNIFICATION

Données de catalogage avant publication (Canada)

Choy, Peter

Élargir sa conscience : la théorie de la grande unification

ISBN : 2-89089-989-6

1. Physique – Philosophie. 2. Unification, Théories de grande. 3. Symétrie (Physique). 4. Relativité (Physique). 5. Quanta, Théorie des. I. Titre.

QC6.C46 1995 530'.01 C95-940186-5

LES ÉDITIONS QUEBECOR
7, chemin Bates
Bureau 100
Outremont (Québec)
H2V 1A6
Tél. : (514) 270-1746

Dépôt légal, 1er trimestre 1995

Bibliothèque nationale du Québec
Bibliothèque nationale du Canada
ISBN : 2-89089-989-6

Éditeur : Jacques Simard
Coordonnatrice à la production : Dianne Rioux
Conception de la page couverture : Bernard Langlois
Correction d'épreuves : Yves Roy
Infographie : Atelier de composition MHR inc., Candiac
Impression : Imprimerie L'Éclaireur

ÉLARGIR SA CONSCIENCE

LA THÉORIE DE LA GRANDE UNIFICATION

PETER CHOY & A.C.F.C.

Ce livre est dédié à mes parents.

Un remerciement particulier à mes frères et à ma sœur qui m'ont fait part de leurs commentaires et de leurs conseils avisés.

Table des matières

Chapitre 3 : LE VIDE

Chapitre 4 : CARACTÉRISTIQUES INTRINSÈQUES DES PARTICULES

Préface

Le but de ce livre est d'essayer non seulement d'unifier les quatre forces fondamentales de la physique, mais aussi de répondre à certaines questions fondamentales de la philosophie et d'unifier certains principes physiques.

Ce livre contient des explications très simplifiées. De plus, l'abstraction, la schématisation et la vulgarisation sont utilisées afin de faciliter la compréhension du lecteur. Certains dessins (ou figures) sont sous forme de deux dimensions, ce qui permet de visualiser plus facilement.

La théorie de la grande unification est intimement liée à la théorie de symétrie qui implique plusieurs aspects dont la dimension, la variation d'échelle et la brisure de symétrie. Pour comprendre notre Univers, il faut rejeter certaines explications erronées même si les équations sont toujours valables. Seules les équations linéaires ne permettent pas de décrire notre Univers si nous vivons dans un monde en trois dimensions. Par ailleurs, avec le principe de dualité, il faut changer notre façon de concevoir notre Univers. Nous apercevrons notre Univers en deux aspects. La théorie quantique connaît beaucoup de succès en décrivant un monde discontinu à l'échelle microscopique, ce qui est une lacune majeure dans cette théorie, car elle néglige le monde continu. Pour que la théorie de la grande unification soit valable, il faut concilier entre la théorie de la relativité et la théorie quantique. Cette théorie est le fruit de la fusion des cultures occidentale et orientale. « Ignorer une culture sans savoir sa juste valeur, c'est enterrer la connaissance tout court. »

Chapitre 1
Historique

1. INTRODUCTION

Parfois, nous nous posons peut-être les questions suivantes : Pourquoi la gravitation nous attire-t-elle vers le centre de la Terre ? Comment la matière existe-t-elle ? Est-il possible de fractionner la matière à l'infini ? Tant de physiciens et de philosophes ont essayé de répondre à ces questions. Ils essayent d'utiliser différentes théories et équations afin de pouvoir comprendre notre Univers.

Définition de la matière

Selon la philosophie grecque, la matière est composée d'atomes : des entités indivisibles, insécables et invisibles à cause de leur extrême petitesse. Le terme moderne que nous utilisons pour décrire ces atomes insécables sont « les particules élémentaires ». Pour sonder la nature intime de la matière, les physiciens recourent à des accélérateurs de particules qui permettent à ces derniers d'entrer en collision, ce qui permet de vérifier si ces particules sont vraiment élémentaires...

La notion d'atome ne permet pas de décrire complètement notre Univers puisqu'il existe, en outre, quatre forces fondamentales : la gravitation, l'électromagnétisme, la force forte et la force faible. Ces forces ne peuvent pas être expliquées par la théorie atomique.

2. COMPARAISON ENTRE LA PHYSIQUE CLASSIQUE ET LA PHYSIQUE MODERNE

2.1 La physique classique.

Le monde est continu, le temps est absolu, l'espace est plat, la vitesse est illimitée, le déterminisme s'applique...

En physique classique, nous pouvons connaître à l'avance l'évolution d'un système simple si nous connaissons les caractéristiques et les conditions initiales. Par exemple, (fig. 1) si nous frappons une balle de billard vers un trou, le résultat est prévisible.

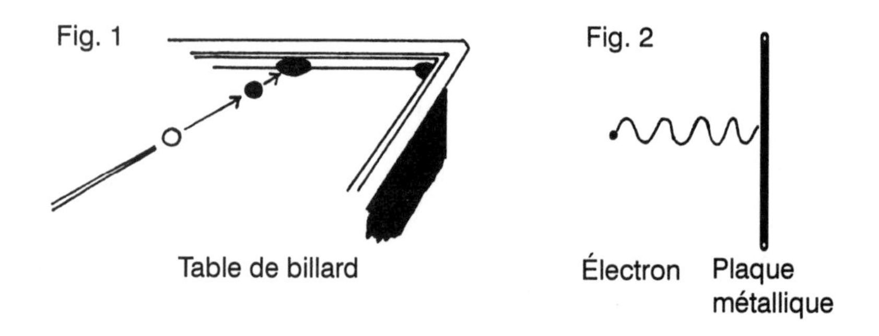

2.2 La physique moderne.

Le monde est discontinu, le temps n'est plus absolu, l'espace est courbé, la vitesse est limitée, la probabilité s'applique...

Quand nous envoyons un électron sur une feuille métallique (fig. 2), il est impossible de savoir à l'avance le chemin qu'il va suivre après la collision. Nous ne connaissons que la probabilité des résultats.

La physique moderne (la théorie des quanta et la théorie de la relativité) est née pour expliquer ces phénomènes.

a) La théorie quantique

La théorie quantique décrit le monde atomique avec un concept discontinu ; elle explique, par exemple, comment des électrons émettent ou absorbent de l'énergie électromagnétique seulement par « saut » ou quanta et on d'une façon continue comme un système masse-ressort.

Ce dernier peut possèder n'importe quelle valeur de l'énergie totale et non pas seulement certaines valeurs définies. Nous entrons dans un monde discontinu. Cette théorie quantifie l'énergie...

Fig. 3

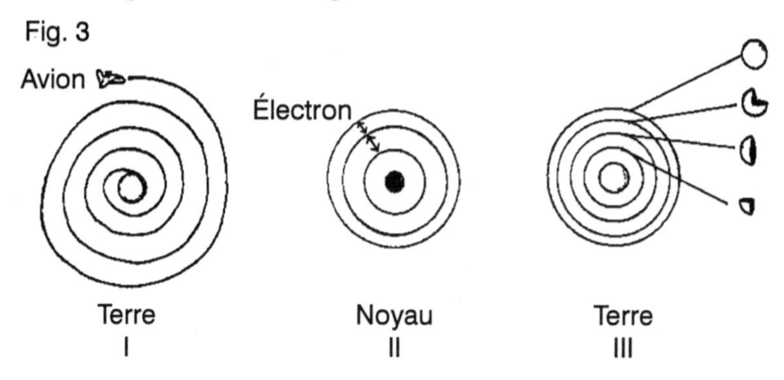

La trajectoire d'un avion qui revient sur Terre est dictée par la loi physique classique (Fig. 3-I). Sa trajectoire et l'énergie de ce corps en mouvement sont parfaitement déterminées et elles varient d'un point à un autre de façon continue. Or, au niveau quantique (fig. 3-II), l'énergie d'un électron ne peut prendre que certaines valeurs déterminées, qui correspondent à des orbites séparées les unes des autres. Un électron change ainsi d'une orbite à l'autre par un saut (quanta) : son énergie varie de façon discontinue. Chaque saut d'une orbite à une autre est accompagné de l'émission (ou l'absorption) d'un photon qui emporte (ou apporte) la différence d'énergie entre les deux orbites. Nous constatons qu'il existe une différence entre le monde macroscopique et le monde quantique (continu versus discontinu). Imaginons que l'avion perd une quantité d'énergie ou de matière bien déterminée, sa trajectoire varie d'un point à un autre de façon continue si dans un intervalle de temps très court, la quantité d'énergie ou de matière perdue est petite par rapport au système (la Terre). Par contre, si dans un intervalle de temps très court, la quantité d'énergie ou de matière perdue est grande par rapport au système (la Terre) ; nous observerons un discontinu (fig. 3-III).

En fait, nous ne pouvons pas les comparer de cette façon. Nous expliquerons pourquoi plus loin.

Selon la théorie quantique, un objet n'est pas définitivement assigné à un lieu. Nous croyons à tort que la théorie quantique peut violer la loi de physique en un temps très court. Elle respecte la loi de physique qui est absolue et valable partout, sinon il n'existera plus de loi de physique ; tout sera permis. L'imprécision de la théorie quantique est due à différents facteurs que nous expliquerons plus loin.

La théorie quantique décrit un système en mouvement (heureusement non aléatoire) uniforme mais non linéaire, ce qui n'empêche pas de connaître la probabilité des résultats.

b) Théorie de la relativité

En se basant sur l'expérience de Michelson-Morley, la théorie de la relativité postule que la vitesse de la lumière (c) est constante dans le vide peu importe les mouvements de la source de lumière ou des observateurs et qu'aucune vitesse ne peut être supérieure à celle de la lumière. L'énergie et la masse sont deux facettes d'une même réalité : $E = mc^2$. La relativité générale interprète le champ de gravitation non pas comme un champ de forces habituel, mais comme la manifestation de la courbure de l'espace-temps.

c = la vitesse de la lumière = 3×10^8 m/s

3. DÉFINITION DE L'UNIVERS SELON LA PHILOSOPHIE CHINOISE

La philosophie chinoise n'explique pas l'Univers de la même façon que la philosophie occidentale. Selon les pensées chinoises, l'Univers est infini au niveau de la grandeur et du temps, cet infini peut être infiniment grand ou infiniment petit et ils sont similaires. Notre monde est créé à partir d'une fluctuation locale ; cette fluctuation engendre le Yin et Yang (la dualité) ; elle se crée et disparaît avec le temps et elle est infinie. Pour décrire l'Univers, il faut appliquer le principe de dualité, sinon la description sera incomplète. Les Chinois utilisent plus souvent la notion géométrique (la configuration) pour décrire un système.

Par exemple, avant la fluctuation, notre monde est en état continu ; une fluctuation locale crée un état discontinu. Pourtant, ce discontinu n'est vrai que macroscopiquement, car si nous agrandissons l'échelle, nous verrons un continu.

ABSTRACTION

Dans une chambre à gaz, si nous transformons une partie du gaz en état solide, un discontinu apparaît. Or, si un agrandissement suffisant de la chambre à gaz permet de voir chaque molécule, nous remarquerons un continu en terme d'homogénéité : cette chambre ne contient que des molécules. De plus, nous observerons aussi un discontinu : les molécules sont des entités définies.

3.1 Continu versus discontinu

Une particule au repos est considérée comme fixe → discontinu.

Un photon se déplace → continu.

Fig. 4

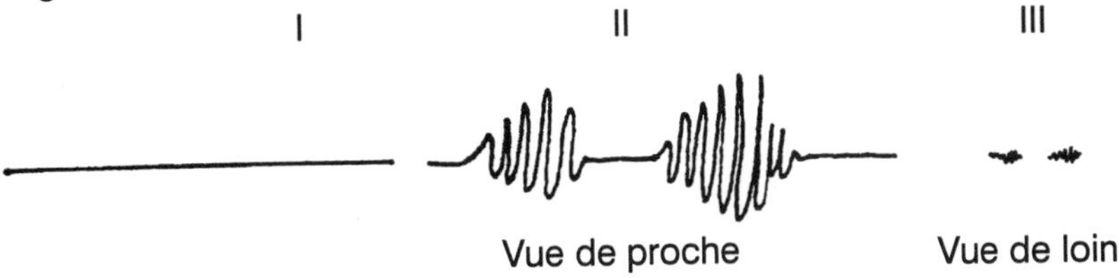

I II III

Vue de proche Vue de loin

Soit (fig. 4-I) une ligne droite continue, une fluctuation peut engendrer un discontinu (fig. 4-III, vue de loin) même si la ligne est continue (fig. 4-II, vue de proche). En d'autres mots, la description d'une réalité comporte deux aspects (la dualité) suivant la grandeur (la variation d'échelle) que nous voulons observer. Ces deux aspects doivent respecter le principe de dualité.

Donc, nous ne pouvons pas affirmer que l'Univers est continu ou discontinu de même que nous ne pouvons pas dire que la matière est composée d'entités divisibles ou indivisibles ; les deux coexistent, c'est le principe de dualité.

Chapitre 2

Notions fondamentales

1. LA MATIÈRE ET LA FORCE

1.1 La composition de la matière

La loi de physique est valable partout dans l'Univers. Tout ce qui est matériel est formé d'atomes qui sont eux-mêmes constitués de protons, de neutrons et d'électrons. Les protons et neutrons sont constitués de quarks. Il existe deux grandes familles de particules élémentaires : quarks et leptons. L'électron, le muon et le tau font partie de la famille des leptons, de même que le neutrino e, le neutrino muon et le neutrino tau.

Fig. 5

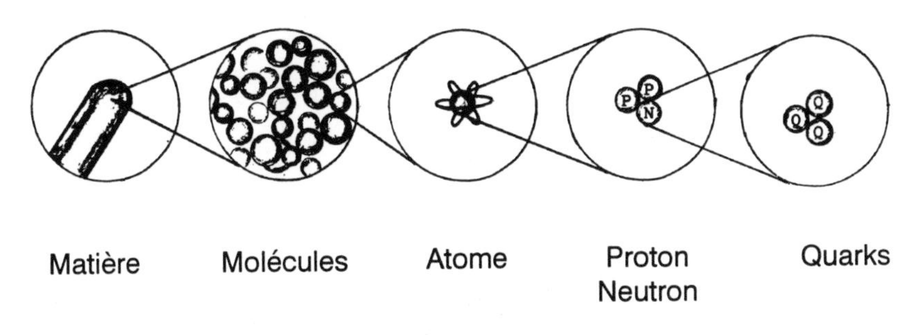

Matière — Molécules — Atome — Proton Neutron — Quarks

Il existe six quarks et six leptons.
Quarks : haut, bas, charme, étrange, sommet et beauté.
Leptons : électron, muon et tau.
neutrino électron, neutrino muon et neutrino tau.

1.2 Les quatre forces fondamentales

Il existe quatre forces fondamentales : la gravitation, l'électromagnétisme, la force forte et la force faible. Les trois dernières forces peuvent s'interconvertir dépendamment de l'énergie que nous fournissons ou de la quantité d'énergie condensée. Ces trois forces peuvent aussi être transformées en quarks ou en leptons si l'énergie est suffisamment élevée pour se condenser (se replier vers l'intérieur : le continu se transforme en discontinu).

Quatre forces (« colle ») :	la gravitation
et leurs vecteurs	l'électromagnétisme : le photon
	la force faible : boson Z, W+ et W-
	la force forte : gluons

- Photon : porteur de la force électromagnétique.
- Boson Z, W+ et W- : porteurs de la force faible, responsables de certaines formes de désintégration radioactive.
- Gluon : porteur de la force forte entre quarks.

À titre indicatif, voici l'intensité des quatre forces fondamentales.

Nous prenons comme référence l'interaction forte et nous caractérisons son intensité par le chiffre 1, nous trouvons ensuite l'électromagnétisme avec une intensité de 7×10^{-3}, la force faible avec 10^{-5} et enfin, la gravitation avec 10^{-39}.

2. DIFFÉRENTS PRINCIPES ET THÉORIES IMPORTANTS

2.1 Le principe de dualité est superposable et opposé. Si la symétrie est respectée, l'application de ce principe ne sera pas nécessaire pour décrire la réalité. Par contre, si la symétrie est brisée, il faudra appliquer ce principe. Ce principe veut que toute description issue d'une brisure de symétrie comporte deux aspects : superposable et opposé.

La culture occidentale accepte mal la dualité onde-corpuscule, tandis que la culture chinoise donne le principe de dualité (Yin et Yang) sa nécessité de l'existence. Ce principe est représenté par le symbole de l'Univers (fig. 6). Si nous n'appliquons pas ce principe, nous décrirons seulement une partie de la réalité.

Avant de continuer, il faut corriger certaines erreurs au niveau des termes que nous utilisons pour décrire l'Univers.

Si nous nous posons la question : « L'électron est-il une onde ou un corpuscule ? »

Je vais vous répondre : « C'est une particule qui se déplace d'une manière ondulatoire (rectiligne). »

ABSTRACTION

> Si nous posons la question : « L'être humain qui marche à deux pattes est-il un mâle ou une femelle ? »
> Je vais vous répondre : « C'est un mammifère qui est masculin (féminin). »

Si nous posons la question : « Qu'est-ce qui a existé en premier ? La matière ou le vide ? »

Je vais vous répondre : « Bien sûr c'est le vide (ou le plein*) ! »

Pourquoi ?

Quel est le contraire du vide ? Le plein.

Quel est le contraire de la matière ? L'espace.

* Le vide et le plein sont superposables et opposés.

Fig. 6

Symbole de l'Univers

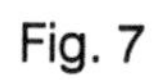
Fig. 7

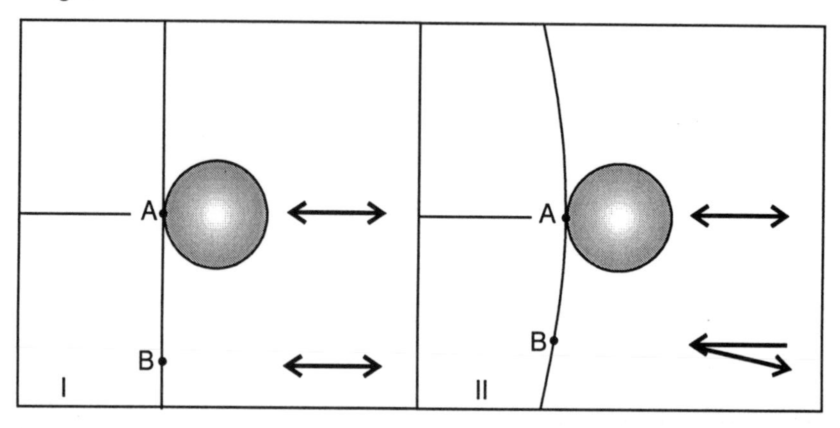
A
B
I
A
B
II

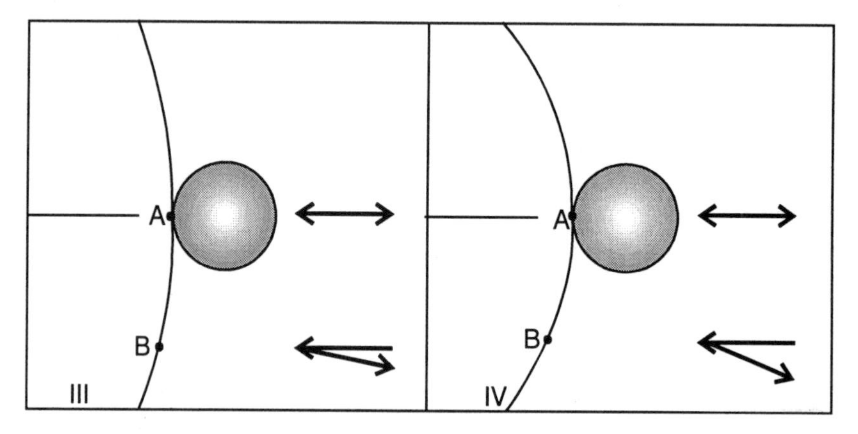
A
B
III
A
B
IV

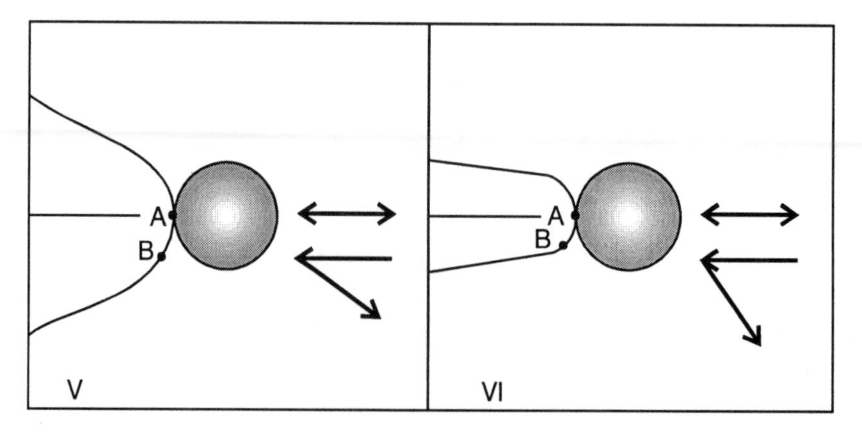
A
B
V
A
B
VI

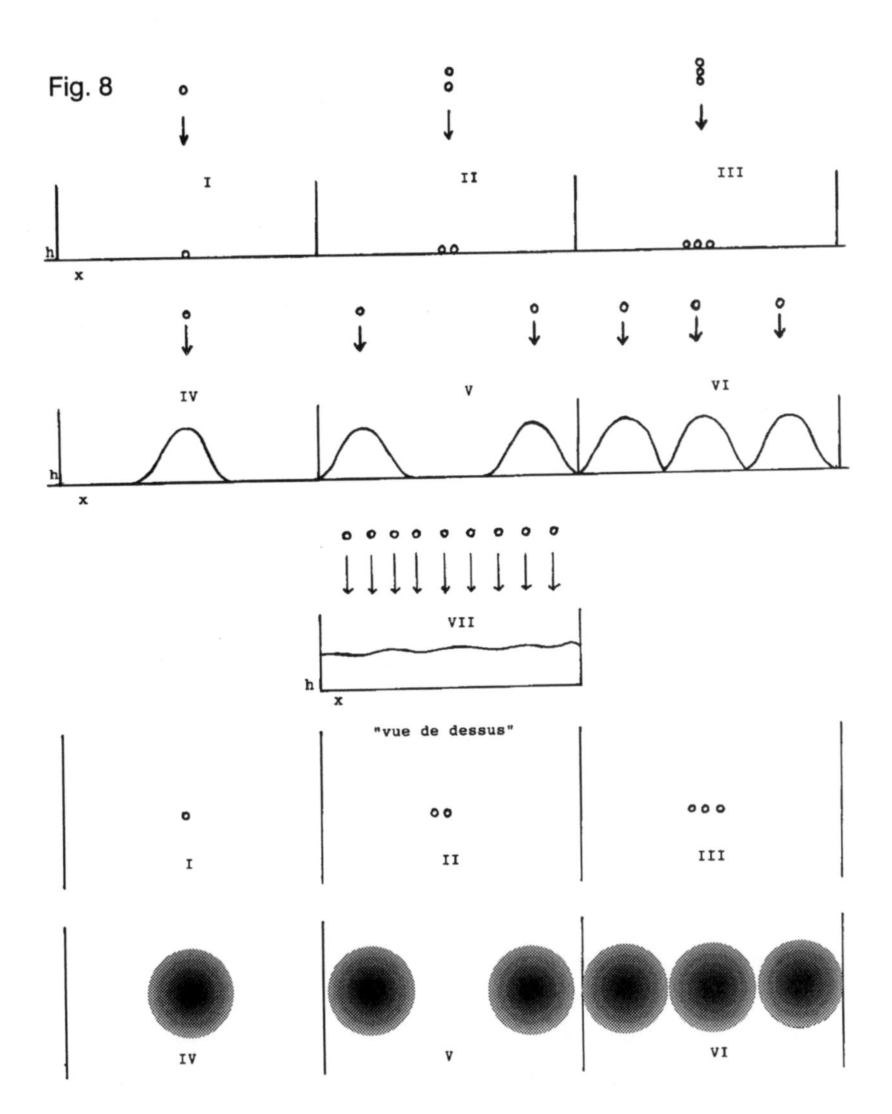
Fig. 8
I
II
III
h
x
IV
V
VI
h
x
VII
h
x
"vue de dessus"
I
II
III
IV
V
VI

2.2 Le principe de précision.

Si les données sont précises, nous pourrons prévoir avec exactitude les résultats. Par contre, si les données sont imprécises, nous connaîtrons seulement la probabilité des résultats. Tout dépend de LA MARGE DE PRÉCISION (LA VARIATION D'ÉCHELLE) et du NOMBRE DE VARIABLES IMPLIQUÉES. Elles s'appliquent tant au niveau quantique qu'au niveau macroscopique. Le déterminisme s'applique aussi au niveau quantique qu'au niveau macroscopique.

La marge de précision (la variation d'échelle)

Fig. 7-I Si une balle frappe perpendiculairement contre un mur plat, la trajectoire de rebondissement est perpendiculaire au mur peu importe la position, qu'elle soit à A ou à B. (Précis : la marge de précision est grande.) Fig. 7-II à 7-VI Un changement de la position A à la position B affecte de plus en plus la trajectoire. Fig. 7-VI Un léger changement peut produire une déviation importante. Sans une mesure précise, nous ne connaîtrons que la probabilité du résultat. Nous remarquons que la marge de précision deviendra de plus en plus petite. Si nous agrandissons la fig. 7-VI (la variation d'échelle), la marge de précision sera grande et nous aurons un résultat beaucoup plus précis.

Le nombre de variables impliquées

Fig. 8-I à III Si nous laissons tomber trois billes au même endroit dans un récipient, nous connaîtrons la position finale des billes au fond du contenant. Trois billes apparaissent au fond et le nombre de variables impliquées est trois. En revanche (fig. 8-IV à VI), si nous laissons tomber plusieurs billes aux trois endroits différents, nous ne connaîtrons que la probabilité des positions des billes au fond du contenant. Trois bosses apparaissent au fond et le nombre de variables impliquées est grand. Fig. 8-VII Si nous laissons tomber plusieurs billes à différents endroits, l'apparence du fond ressemble drôlement au contenant initial.

Fig. 9

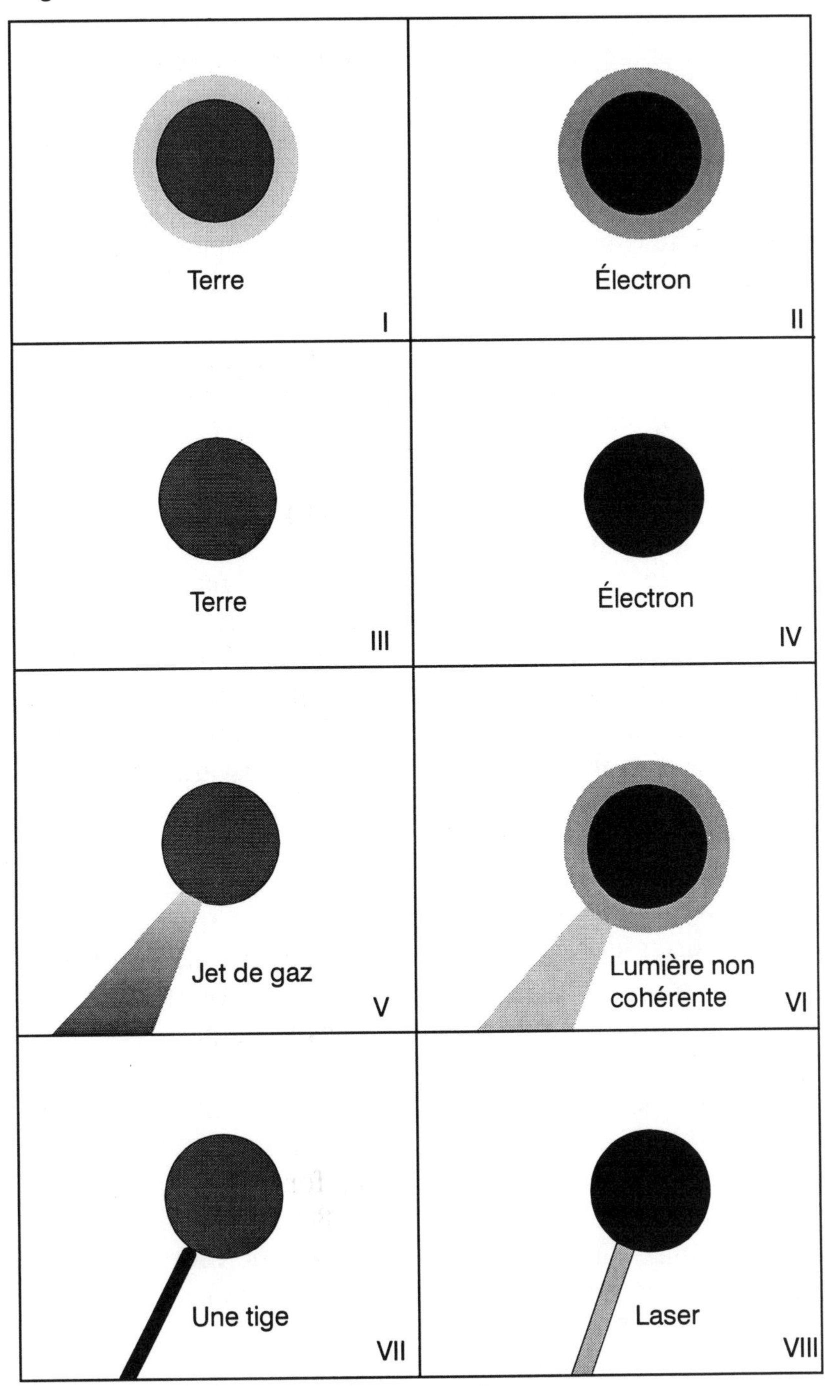
Terre
I
Électron
II
Terre
III
Électron
IV
Jet de gaz
V
Lumière non
cohérente
VI
Une tige
VII
Laser
VIII

Si nous regardons les différents résultats « vue de dessus », nous remarquons qu'il existe une répétition et la grandeur augmentera (la variation d'échelle).

2.3 Le principe de projection.

La connaissance du comportement microscopique permet de décrire le comportement macroscopique, donc nous pouvons transposer une situation de l'échelle microscopique à l'échelle macroscopique. La description d'une situation permet de refléter une autre situation semblable. L'infiniment petit à l'infiniment grand sont similaires. La loi de physique est toujours valable peu importe l'échelle de grandeur.

Comparaison entre le monde macroscopique
et le monde microscopique

Fig. 9-I Représente la planète Terre avec une couche d'atmosphère gazeuse : pour mesurer la masse (à l'état solide et à l'état liquide) de cette planète, il faut tenir compte de la température puisqu'une diminution de cette dernière augmente la masse (le gaz devient solide). Ici, nous considérons seulement la partie solide et la partie liquide qui sont « tangibles ». Notons bien que le gaz a aussi une masse.

Fig. 9-II Représente un électron dans un champ électromagnétique intense (continu) : pour mesurer la masse d'un électron, il faut tenir compte de l'intensité du champ puisque ce dernier peut affecter sa masse.

Fig. 9-III La planète Terre est congelée (discontinu) ; nous pourrons mesurer avec précision sa masse (le gaz devient solide).

Fig. 9-IV L'électron est refroidi ou au repos (discontinu) ; nous pourrons mesurer sa masse.

Fig. 9-V Si nous envoyons un jet de gaz pour sonder la position d'une planète, nous ne saurons que la probabilité de sa position. Le nombre de variables impliquées est grand. Un jet de gaz contient un grand nombre de molécules dont les trajectoires sont différentes.

Fig. 9-VI Si nous utilisons une lumière non cohérente pour décrire la position d'un électron, nous ne saurons que la probabilité de sa position. Le nombre de variables impliquées est grand : différentes longueurs d'onde.

Fig. 9-VII Si nous utilisons une tige rigide (ou la lumière puisqu'elle n'affecte pas la mesure) pour sonder la position d'une planète, nous obtiendrons le résultat avec précision. Le nombre de variable impliquée est 1 : une tige rigide.

Fig. 9-VIII Si nous utilisons le laser (lumière cohérente) pour mesurer la position d'un électron, nous pourrons obtenir le résultat avec précision. Le nombre de variable impliquée est 1 : une seule longueur d'onde.

Nous pourrons décrire une situation microscopique comme une situation macroscopique. Le monde quantique est similaire au monde macroscopique. Nous nous poserons peut-être cette question : « Pourtant, en mécanique quantique, l'électron tournant autour du noyau n'a pas de trajectoire au sens d'une planète en orbite. » Certes, un électron au repos est considéré comme discontinu, un électron accéléré ou qui possède de l'énergie est considéré comme continu puisqu'il possède un champ électromagnétique qui peut agir sur son entourage. Dans ce cas, il faut tenir compte de la variation d'échelle au niveau du temps puisque la trajectoire d'une planète est aussi chaotique dans un intervalle de temps très long. Par ailleurs, une planète (à l'état solide) est considérée comme discontinue, tandis que la planète qui possède une énergie élevée (ou bien une augmentation de sa température) deviendra continue : la planète deviendra gazeuse, il n'existera pas une démarcation nette de sa grosseur. Si l'énergie libérée de la planète devient grande et influence sa trajectoire, cette trajectoire sera chaotique même dans un intervalle de temps court.

Le « principe de divisibilité » affirme que nous connaîtrons mieux un phénomène en analysant chacune de ses parties séparément, mais la mécanique quantique contredit ce principe. Ce principe est exact seulement si nous décrivons différents discontinus. Or, le monde quantique est une réalité discontinue (quanta) qui baigne dans le continu (force). Par exemple, nous pouvons décrire avec précision deux balles de tennis (discontinu) en collision en utilisant les équations linéaires. Par contre, nous ne pouvons décrire avec précision deux jets gazeux (continu) en utilisant les équations linéaires.

Un monde à deux facettes : un jet gazeux est considéré comme continu. Si nous agrandissons le jet gazeux et nous analysons chaque molécule, nous aborderons le discontinu.

2.4 La théorie de symétrie.

Cette théorie implique la configuration géométrique et la dimension. Nous utilisons seulement trois dimensions pour décrire cette théorie. Il existe trois systèmes qui sont parfaitement symétriques :

1) La sphère : ce système est toujours symétrique peu importe le changement d'orientation du système. Vue de n'importe quel côté, elle est toujours symétrique.

2) Le centre du système : il existe seulement un centre dans un système, il est toujours symétrique même si le système n'est pas symétrique.

3) Le vide : tout point dans le vide est symétrique.

Nous savons que : tout système tend vers l'équilibre.
tout système tend vers l'énergie minimum.
Avec cette théorie, tout système tend vers la symétrie.

Plus un système s'éloigne du centre, plus grande sera son asymétrie.

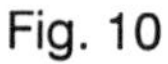

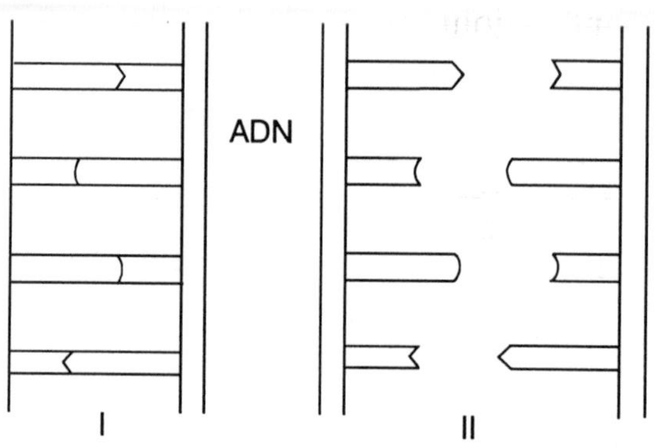

Dans un système, si la symétrie est brisée, l'application du principe de dualité est nécessaire pour décrire le système. Par exemple (fig. 10), si nous prenons un morceau d'ADN et nous le séparons en deux parties égales et par la suite, nous décrivons une des deux parties, nous décrirons seulement une partie de la réalité.

Pour simplifier la compréhension, nous allons expliquer en une seule dimension comment « une fluctuation peut créer une brisure de symétrie ».

Supposons que cette feuille représente le vide. La grandeur est représentée par une ligne infinie (une ligne a une dimension). Cette fluctuation peut engendrer deux sortes de brisure de symétrie.

Fig. 11

```
                  A                                   B
-3  ================  3    -3  ================  3
        -2  ==========  2           -2  ==========  2
              -1  ====  1                 -1  ====  1
----+----+----+----+----+----+----+----+----+----
   -4   -3   -2   -1    0    1    2    3    4
```

Le 1 représente 1 par rapport à 0.

Par contre, le 1 représente -1 par rapport à 2, etc.

Nous remarquons que la partie A et B de la figure 11 sont identiques. Si nous inversons l'une des deux parties, nous obtiendrons une image-miroir : identiques et inversées. Cette représentation démontre que peu importe le déplacement de A, soit vers la gauche, soit vers la droite de B, les résultats seront toujours identiques.

Fig. 12

```
                 A                                   B
  -3  ================  3    -3  ===============  3
  -2  ===========  2                -2  ==========  2
  -1  =====  1                           -1  =====  1
----+----+----+----+----+----+----+----+----+----
   -4   -3   -2   -1    0    1    2    3    4
```

Tandis que la partie A et la partie B de la figure II sont superposables et opposées → Dualisme.

Fig. 13

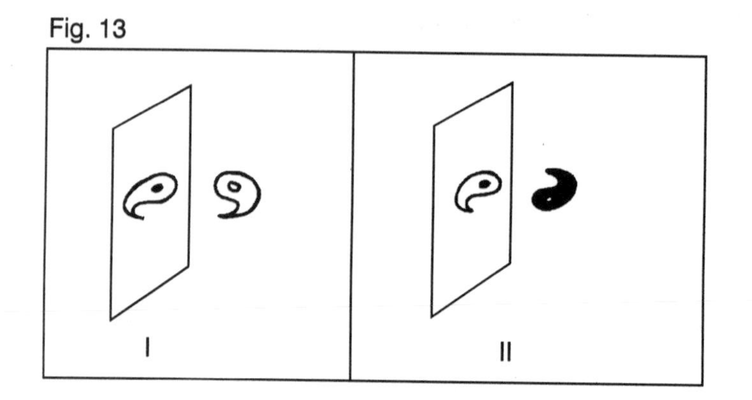

Il existe deux sortes de brisures de symétrie qui donnent soit images-miroir (I), soit superposables et opposées (II). Les premières divisent la quantité d'énergie initiale en deux, tandis que les deuxièmes donnent toujours la quantité d'énergie totale égale à zéro.

3. LA MESURE

La grandeur, la dimension et le temps doivent être invariables, car c'est nous qui donnons de façon arbitraire ces paramètres pour permettre de décrire notre Univers. Nous ne pouvons pas ajuster l'échelle de ces paramètres pour que les résultats des expériences concordent avec les équations. Si nous permettons au temps de varier, c'est comme si nous permettions d'étirer ou de raccourcir la règle pour mesurer. Ceci aura une conséquence grave, il n'existera plus une norme à laquelle nous pourrons nous fier pour décrire tous les systèmes. Ces derniers ne seront plus décrits de la même façon.

La grandeur : h. Nous l'utilisons comme référence.
La dimension : trois
Le temps : unidirectionnel

3.1 La grandeur h (constante de Planck) (fig. 14)

Le h représente la grandeur limite que nous pouvons décrire. Pourquoi le photon a une grandeur qui est h ? Par exemple, la grosseur (d'une goutte d'eau qui tombe) a une certaine limite et elle dépend de la gravitation, de la pression de l'air, etc. En d'autres mots, elle dépend de son milieu. De même, la grosseur d'un photon, qui est le h, dépend du vide qui est constant (voir plus loin la définition du vide).

Fig. 14

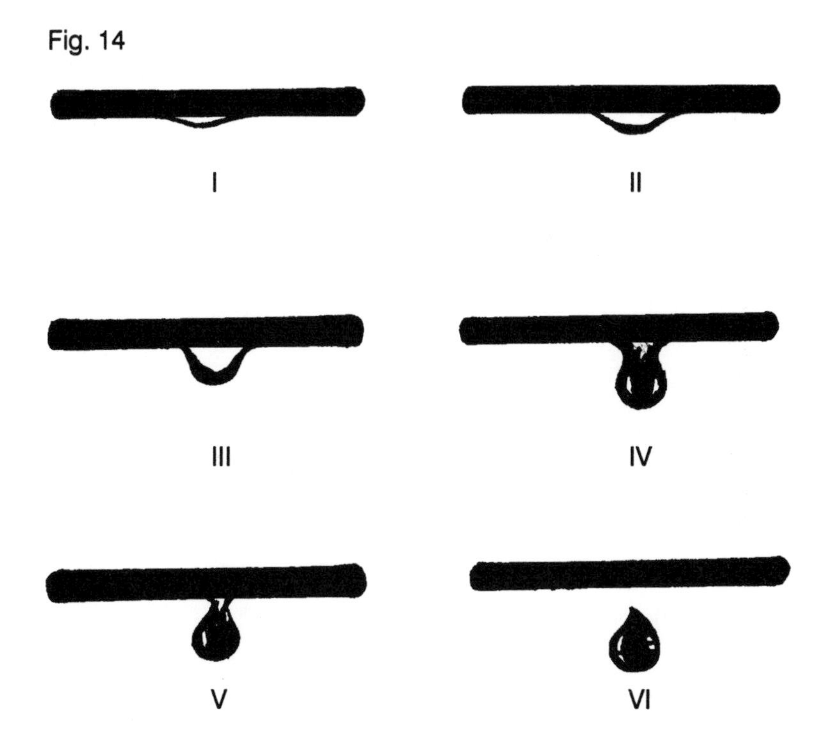

« L'effet fantôme » apparaît si la mesure s'approche de la grandeur h :

Soit une bille qui se déplace dans un cylindre (fig. 15-I) (la coupe longitudinale du cylindre) : si la distance (d), c'est-à-dire le diamètre du cylindre, est de beaucoup supérieur au diamètre de la bille (h), cette dernière peut toucher soit la paroi du haut, soit celle du bas dans un intervalle de temps donné. Si la distance est réduite à près du diamètre de la bille (d') (fig. 15-II), dans un intervalle de temps donné, la bille peut toucher la paroi du haut et du bas presque en même temps. Nous dirons que la bille est ubiquitée.

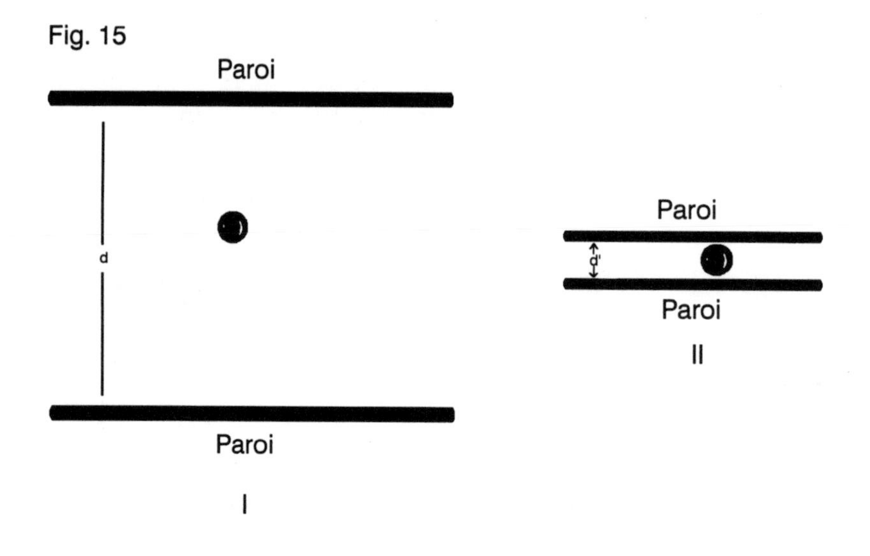

Soit une règle à l'échelle h ; si une bille est assez grosse (fig. 15-III), elle mesurera 5h. Or, si la bille est proche ou inférieure à h, elle mesurera soit 0 ou h. Elle semble être et ne pas être dans un intervalle de temps donné.

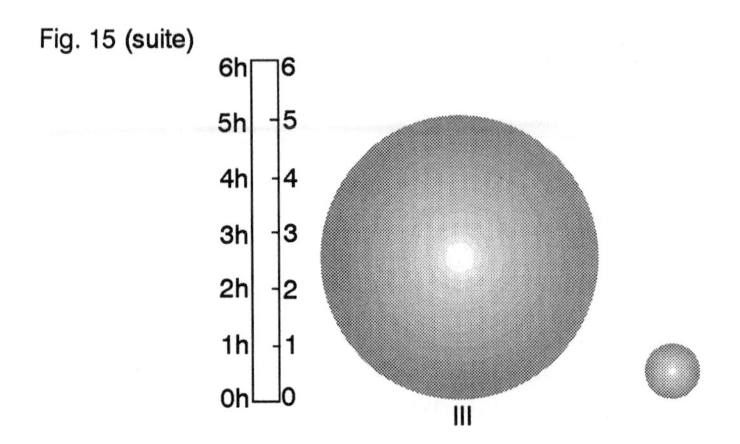

3.2 La dimension.

Nous vivons dans un monde en trois dimensions. Nous considérons que le temps est à part, car le temps n'est pas la même entité que la dimension. Par contre, pour chaque description, il faut toujours tenir compte du temps (la direction) et de la grandeur. Malheureusement, la description en trois dimensions n'est pas toujours la façon la plus simple de décrire notre monde. Si les deux dimensions sont constantes, nous pouvons décrire le monde seulement en une dimension. Si les trois dimensions sont fractionnées, la description en trois dimensions de ces dimensions fractionnées deviendra beaucoup plus compliquée.

Nous ne pouvons pas décrire l'Univers seulement avec des équations linéaires pour prévoir son destin, puisque notre monde est créé par une brisure de symétrie qui engendre les trois dimensions qui seront fractionnées à l'infini. Donc, la notion géométrique est importante pour décrire un système. Par exemple, l'addition de deux cubes est représentée à la fig. 16-I. Nous savons que le volume total est la hauteur × la largeur × la profondeur × 2.

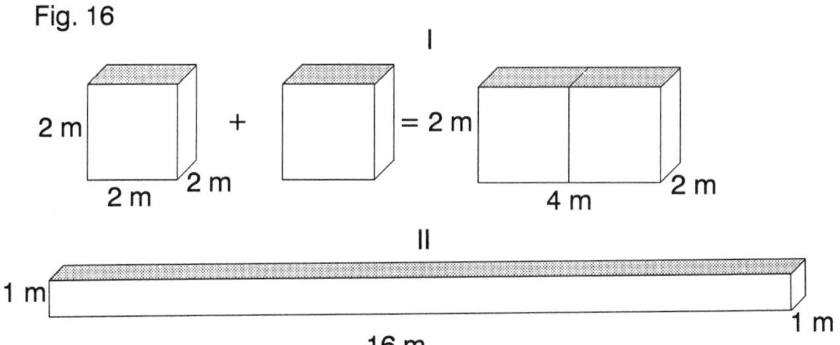

Soit la hauteur = la largeur = la profondeur = 2 m.

Le volume = 2 m × 2 m × 2 m × 2 = 16 m^3

Or, 16 m^3 n'est qu'une représentation en une dimension. Ce chiffre ne reflète pas vraiment la réalité. Il est simplement une grandeur en une dimension (fig. 16-II). Si nous écrivons le résultat comme suit : 2 m × 2 m × 4 m, ce dernier sera plus détaillé.

Évolution d'un système en trois dimensions (fig. 17)
I : une dimension (la largeur).
II : deux dimensions (la largeur et la hauteur).
III : trois dimensions (la largeur, la hauteur et la profondeur).

Fig. 17

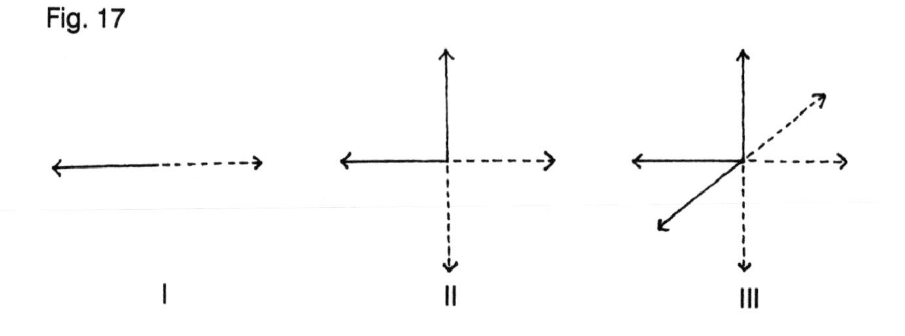

Évolution d'un système en cinq dimensions (fig. 18)
I : une dimension.
II : deux dimensions. Nous remarquons que deux dimensions ne sont pas identiques à celles du haut.
III : trois dimensions. (II) et (III) sont dans un plan.
IV : quatre dimensions.
V : cinq dimensions.
VI : « vue de haut » de la fig. 18V.

Fig. 18

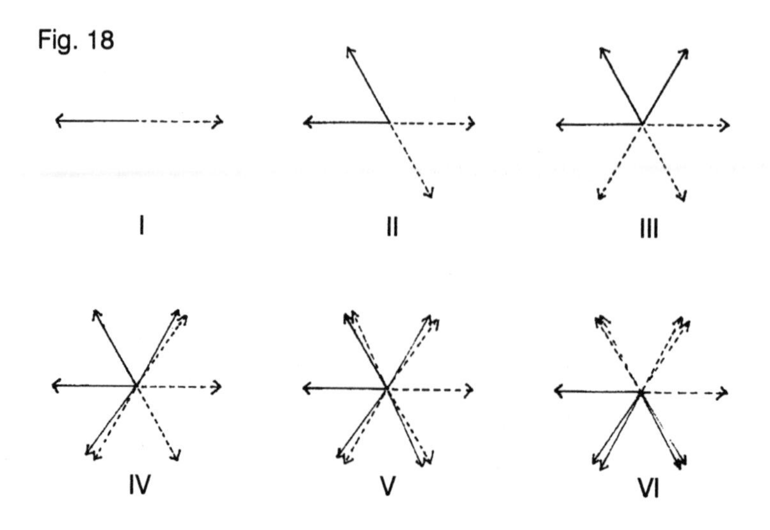

Évolution d'un système en dimension fractionnée (fig. 19)
I à III : augmentation de degré de dimension fractionnée.

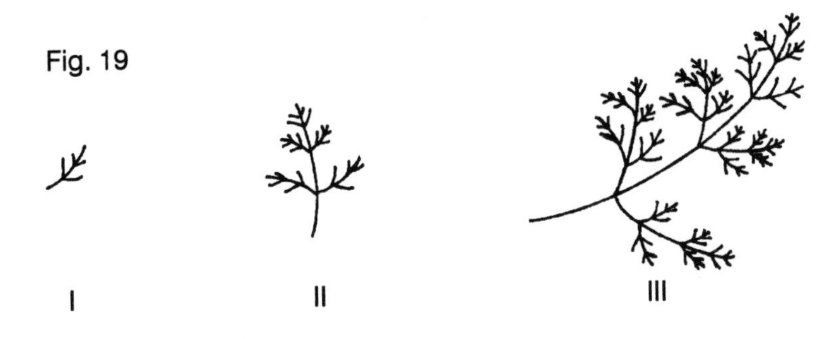

Nous pouvons constater qu'un système à trois dimensions est plus simple qu'un système à cinq dimensions qui est lourd et fastidieux.

Nous voulons que vous vous familiarisiez avec les différentes sortes de brisures de symétrie en fractionnant les dimensions.

FRACTIONNER LES DIMENSIONS

Fig. 20
I représente une sphère en trois dimensions.
II représente une brisure de symétrie.
III représente le 1er degré de brisure de symétrie.
IV représente le 2e degré de brisure d'un système non identique.

Nous remarquons qu'aucune de ces brisures donne une figure ressemblant à la première.

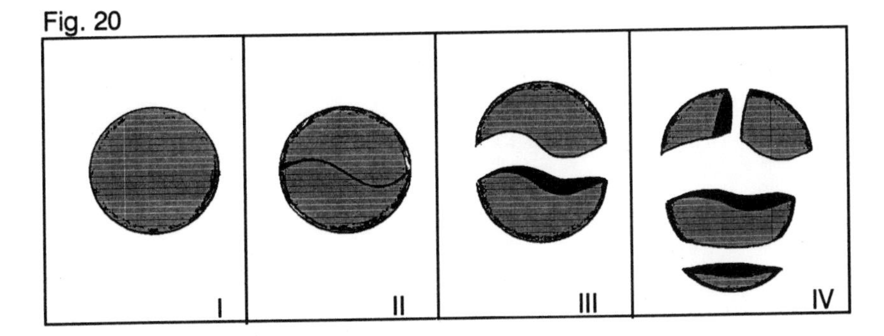

Fig. 21
I représente une boîte en trois dimensions.
II représente le 1er degré de brisure de symétrie.
III représente le 2e degré de brisure de symétrie.
IV représente le 3e degré de brisure de symétrie.

Nous remarquons que trois brisures donnent 8 (I) avec la grandeur 8 fois plus petite (variation d'échelle).

L'inverse est aussi exact : une augmentation (IV) de 3e degré de symétrie engendre (I) qui est 8 fois (IV).

Fig. 21

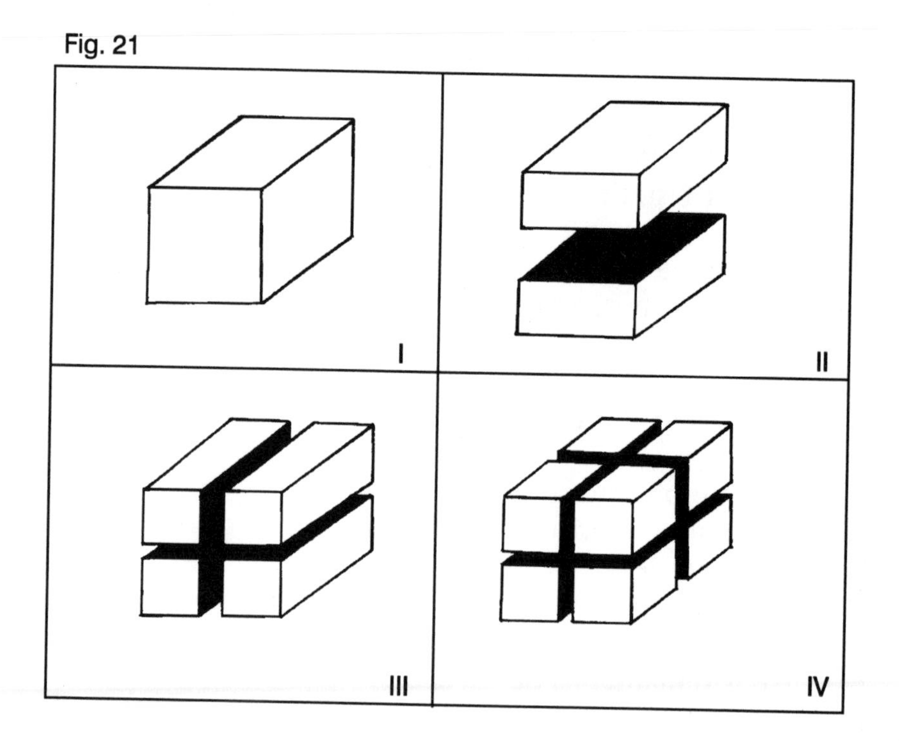

Fig. 22

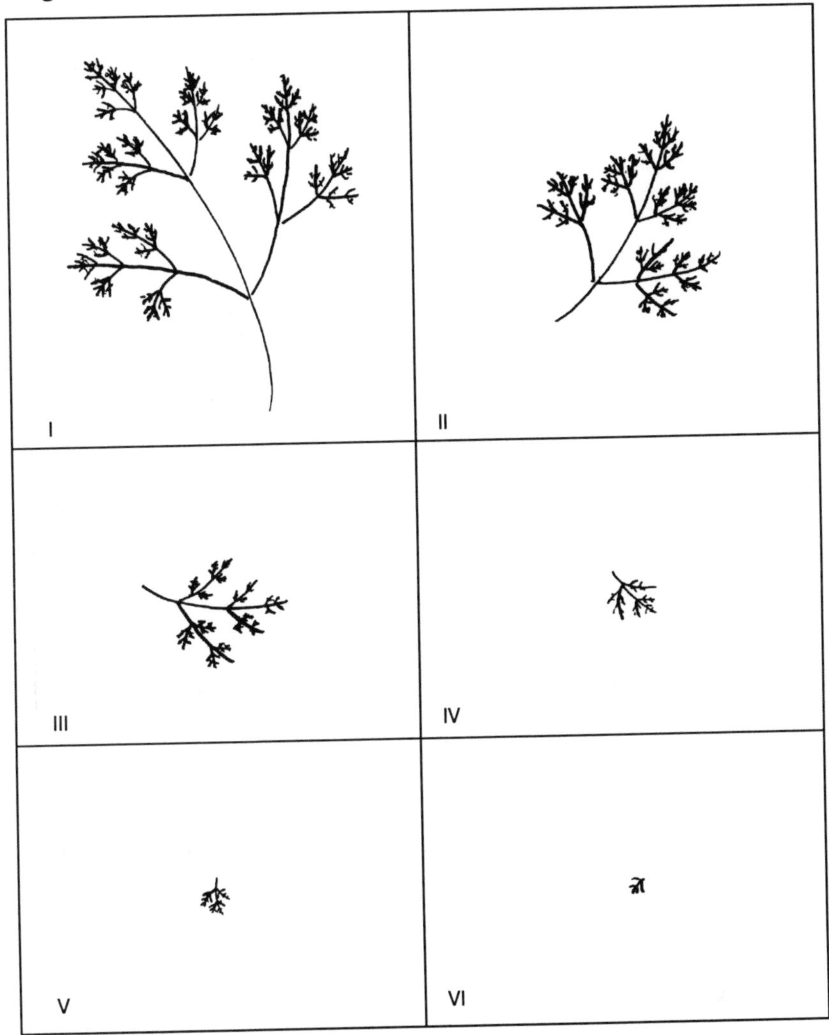

Fig. 23

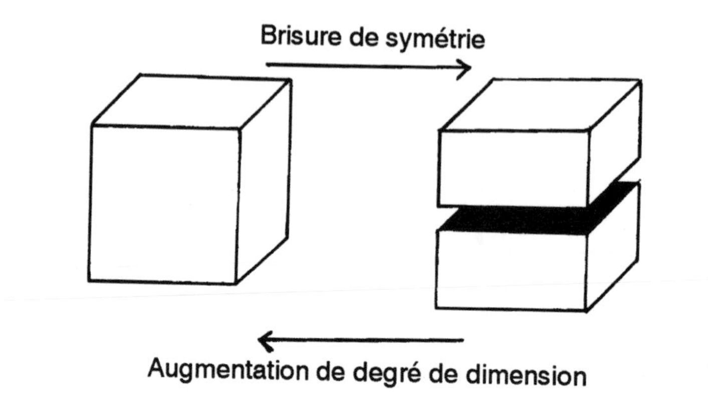
Brisure de symétrie
Augmentation de degré de dimension

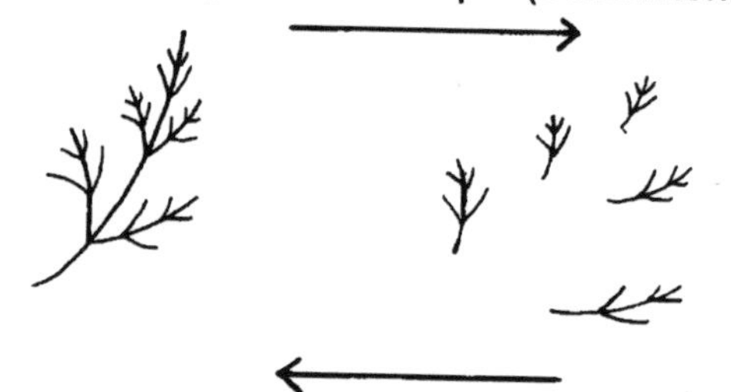
Brisure d'un système identique (Dimension fractionnée)
Augmentation d'un système identique (Dimension fractionnée)

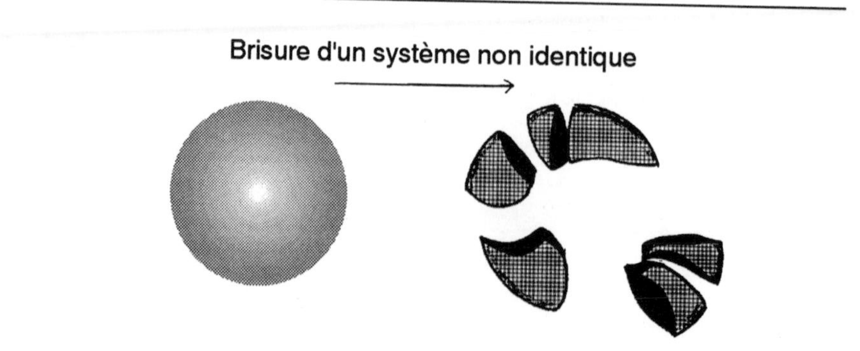
Brisure d'un système non identique

Fig. 22
I Représente un dessin en deux dimensions.
II Représente le 1er degré de brisure d'un système identique.
III Représente le 2e degré de brisure d'un système identique.
IV Représente le 3e degré de brisure d'un système identique, etc.

Nous remarquons que (VI) est un dessin simple, plus le dessin s'agrandit (VI à I) et plus le dessin devient chaotique.

DÉFINITION

Chaos déterministe : une brisure d'un système identique ou une augmentation de degré de dimension fractionnée engendre un chaos déterministe ; un ordre existe à ce dernier.

Fig. 23

L'augmentation de degré de dimension est l'inverse de brisure de symétrie ou d'un système identique.

Fig. 24
(B) vue de côté.

(IA) Représente une ligne : une dimension.
Important : une ligne représente une dimension seulement si l'échelle de grandeur reste invariable. Un agrandissement (une variation d'échelle) d'une ligne représentera comme un cylindre (trois dimensions).
(IC) Une brisure de symétrie engendre 2 (IA) avec une grandeur 2 fois plus petite (variation d'échelle).
(ID) Une brisure de symétrie engendre 4 (IA) avec une grandeur 4 fois plus petite (variation d'échelle).
(IE) Une brisure de symétrie engendre 8 (IA) avec une grandeur 8 fois plus petite (variation d'échelle).

Fig. 24

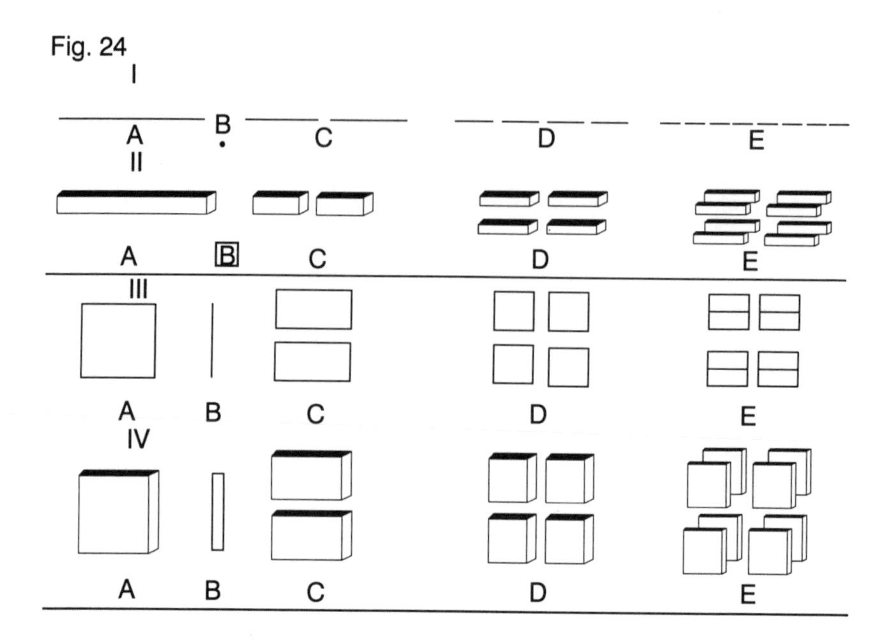

(II) Représente (I) en trois dimensions ; deux dimensions sont constantes. IIA à IIE : brisure de symétrie successive.
(III) Représente un carré : deux dimensions. IIIA à IIIE : brisure de symétrie successive.
(IV) Représente un carré en trois dimensions ; deux dimensions sont constantes. (IVA) à (IVE) : brisure de symétrie successive.

> Nous remarquons une variation d'échelle :
> en une dimension : une brisure de symétrie donne une grandeur plus petite.
> en deux dimensions : deux brisures de symétrie donnent une grandeur plus petite.
> en trois dimensions : trois brisures de symétrie donnent une grandeur plus petite.
> L'inverse est vrai aussi.

Nous remarquons aussi que :
Une dimension infinie ne peut avoir une brisure de symétrie.
Deux dimensions peuvent avoir une brisure de symétrie.
Trois dimensions peuvent avoir une brisure de symétrie.
Donc, seule une dimension ne peut pas engendrer une charge électrique.

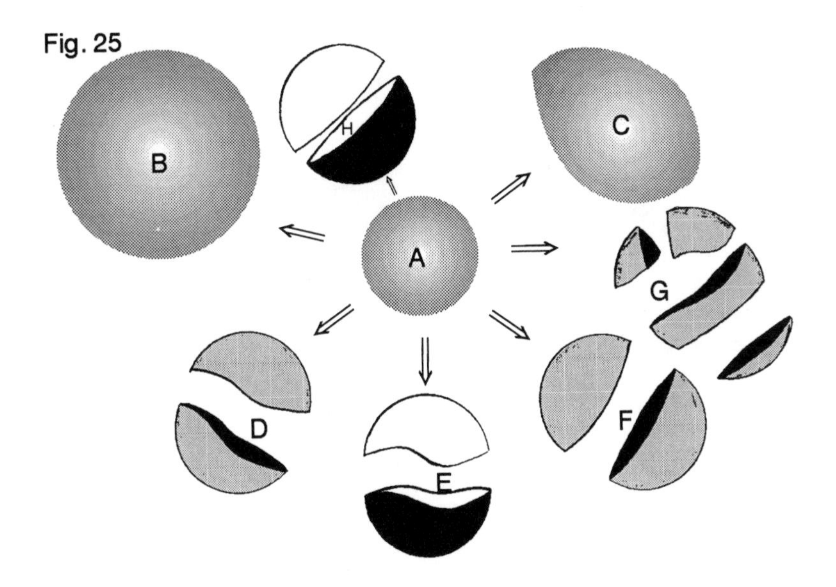

IL EXISTE DIFFÉRENTS ÉTATS
DE TRANSFORMATION (fig. 25)

A : L'état original.
B : Augmentation de degré de dimension : variation d'échelle.
C : Déformation.
D : Brisure de symétrie avec affinité définie ; une rotation de 180° donne l'image-miroir : identique.
E : Brisure de symétrie avec affinité définie : superposable et opposé.
F : Brisure de symétrie avec affinité indéfinie ; image-miroir identique.
G : Brisure d'un système.
H : Brisure de symétrie avec affinité indéfinie : superposable et opposé.

Fig. 26

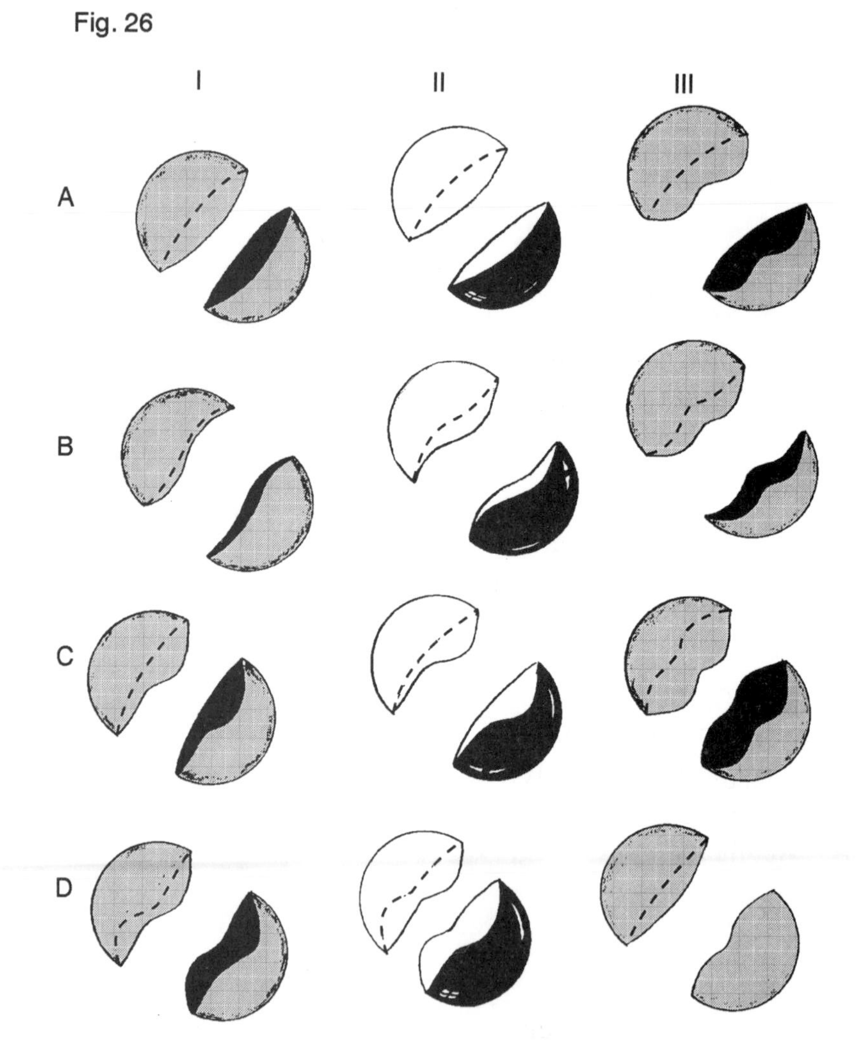

IL EXISTE DIFFÉRENTES BRISURES DE SYMÉTRIE (fig. 26)

Colonne I. Ils ont tous la même quantité d'énergie totale.

Les deux parties créées ont la même quantité d'énergie sauf IC, car les deux parties ne donnent pas une image-miroir.

Colonne II. Ils ont tous la même quantité d'énergie totale qui est 0 sauf IIC, car les deux parties ne sont pas superposables et opposées.

Les deux parties créées ont la même quantité d'énergie (positive et négative) sauf IIC.

Colonne III. Ils ont tous la même quantité d'énergie totale sauf IIID.
Les deux parties créées sont complémentaires l'une de l'autre sauf IIID.

IA Identique avec affinité indéfinie.
IB Identique et inversé avec affinité définie.
IC Non identique.
ID Image-miroir.

IIA Superposable et opposé avec affinité indéfinie.
IIB Superposable et opposé avec affinité définie.
IIC Non superposable et opposé.
IID Image-miroir et opposé.

IIIA Non identique.
IIIB Non identique.
IIIC Identique avec affinité définie.
IIID Non complémentaire.

IC, IIC, IIIA, IIIB et IIID ne sont pas des brisures de symétrie.

DIFFÉRENTS SYSTÈMES SELON LES DIMENSIONS IMPLIQUÉES (fig. 27)

Fig. 27

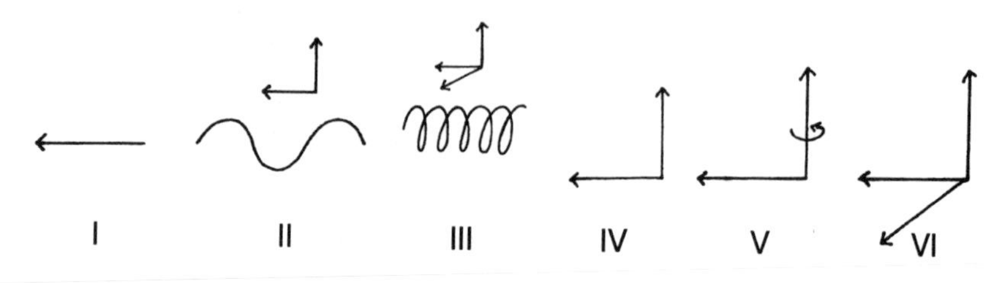

(I) est un système en une dimension.
(II) est un système en une dimension et qui implique la deuxième dimension.
(III) est un système en une dimension et qui implique la troisième dimension.
(IV) est un système en deux dimensions.
(V) est un système en deux dimensions et qui implique la troisième dimension : le système est en rotation.
(VI) est un système en trois dimensions.

Les systèmes I, II et III sont des systèmes en mouvement. Ces systèmes ne restent pas dans une position fixe.

Les systèmes (IV), (V) et (VI) peuvent rester dans une position fixe et/ou en rotation.

3.3 Le temps

Nous devons donner au temps une seule direction comme nous donnons à la règle les échelles qui sont invariables. Le temps, comme la longueur, ne peut pas se dilater ni se contracter.

La variation de la fréquence ne signifie pas nécessairement que le temps est variable. La variation du temps à l'intérieur d'un système ne veut pas dire que le temps est variable. Par exemple, en présentant un catalyseur, le temps de réaction chimique sera diminué ; cela ne signifie nullement que le temps du système est accéléré. (Le temps de réaction chimique est accéléré).

Dans un milieu où le temps est ralenti, il faut que tous les systèmes placés dans ce milieu, *sans exception,* soient ralentis. Par exemple, si le champ gravitationnel ralentit le temps, le sablier coulera plus lentement. Pourtant, c'est le contraire que nous observons. Donc, le champ gravitationnel ne ralentit pas le temps.

UN SYSTÈME RÉVERSIBLE NE SIGNIFIE PAS QUE LE TEMPS EST RÉVERSIBLE.

ABSTRACTION

Soit une planète composée d'eau. Si la température descend au-dessous de 0 °C, la planète se transformera en une boule de glace. Une augmentation de température changera l'état de la planète, cette dernière deviendra liquide. Par contre, une diminution de la température permet à la planète de reprendre son état original. En d'autres mots, une variation de la température change l'état de cette planète. Une situation semblable est observée au niveau atomique : un électron émet ou absorbe un photon dépendant de son énergie par rapport à son milieu, car tout système tend vers l'équilibre, vers l'énergie minimum et vers la symétrie (intrinsèque et extrinsèque).

LE TEMPS RESTE INVARIABLE MÊME SI LA VITESSE EST SUPÉRIEURE À LA VITESSE LIMITE.

(Fig. 28) Soit A et B qui se déplacent à une vitesse de 112 m/s. Si le milieu B ne permet pas un système de se déplacer plus vite que 80 m/s. La trajectoire de B deviendra ondulatoire et nous observerons que B se déplace à une vitesse vectorielle de 80 m/s et à une distance de 80 m à l'axe des x. Pourtant, B se déplace à une vitesse non vectorielle de 112 m/s. Si nous utilisons la vitesse 80 m/s au lieu de 112 m/s pour calculer, nous réalisons que le temps est ralenti.

temps = distance / vitesse = 112 m / 80 m/s = 1,4 seconde.
temps = distance / vitesse = 112 m / 112 m/s = 1 seconde.

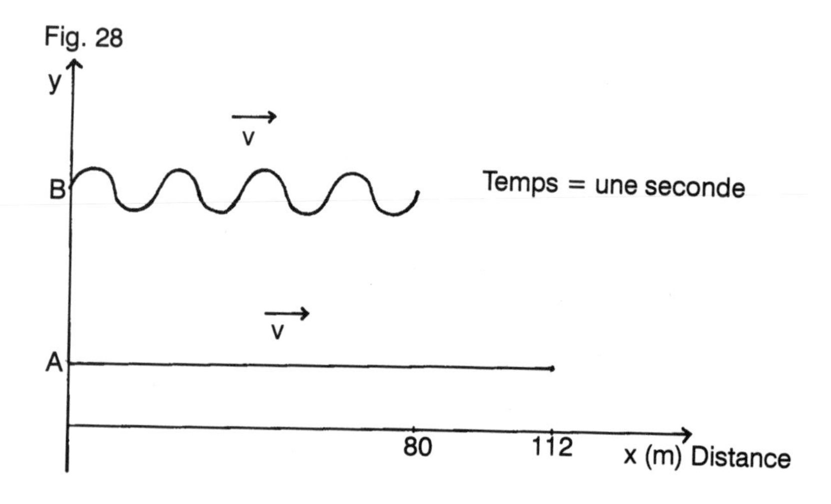

En fait, le temps n'est pas ralenti. Il s'agit simplement de la mauvaise interprétation d'une équation qui décrit un système.

Soit un milieu où la vitesse est limitée. Si un système se déplace plus vite que la vitesse limite, sa trajectoire deviendra ondulatoire. Plus la vitesse est élevée, plus long sera son chemin parcouru par unité de temps. En rapprochant de la vitesse limite, la distance à l'axe des x semble raccourcie, car une partie de cette distance se retrouve dans d'autres directions (l'axe des y).

Si le photon se déplace de façon ondulatoire (non rectiligne), ceci n'est pas dû à un espace ondulé.

Nous remarquons qu'un déplacement ondulatoire est symétrique, car tout système tend vers la symétrie (symétrie intrinsèque et extrinsèque).

Fig. 29

Monsieur A demeure à 12 km de la maison de Monsieur B. Un jour, Monsieur A décide de rendre visite à son vieil ami B de longue date. Monsieur B le connaît tellement bien qu'il sait que Monsieur A marche toujours à une vitesse constante de 1 km/h. Avant de quitter sa demeure, Monsieur A appelle Monsieur B pour lui dire qu'il ira chez lui. Monsieur B calcule le temps nécessaire pour arriver chez lui : 12 h. Malheureusement, ce n'est seulement après 20 heures que Monsieur A atteint la maison de Monsieur B. Ce dernier lui dit : « Le chemin que vous utilisez ralentit le temps... »

Nous remarquons que Monsieur B calcule seulement la distance entre deux maisons en une dimension et il néglige la deuxième dimension.

Fig. 29

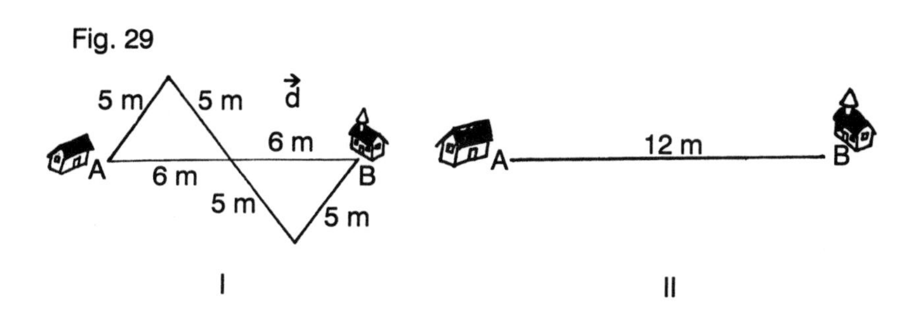

4. LA VARIATION D'ÉCHELLE

« Tu vis un jour au ciel et tu perdras mille ans sur Terre... » selon la philosophie chinoise.

Cette expression ne signifie pas que le temps est variable.

Nous utilisons le terme « la variation d'échelle » pour montrer qu'il existe une différence proportionnelle de grandeur. Ceci ne signifie pas que nous varions l'échelle pour décrire un système.

Fig. 30

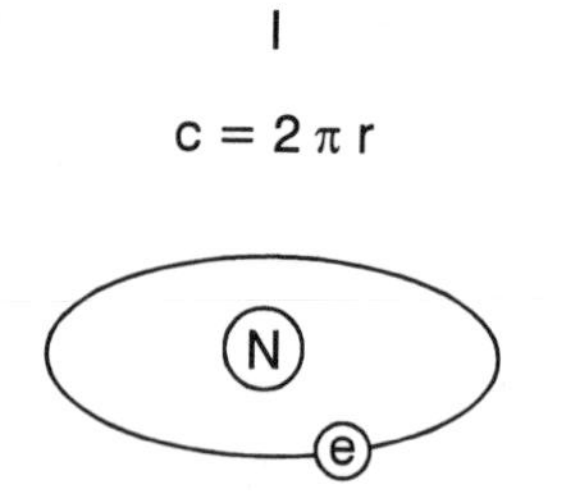

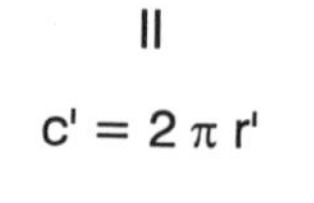

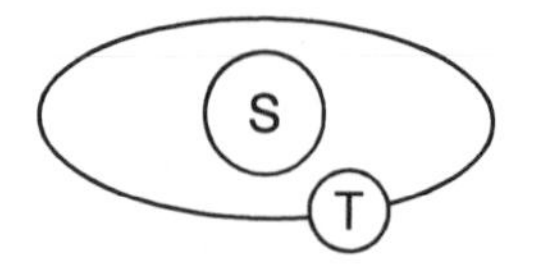

La marge de précision du temps est petite.
$c < c'$: circonférence
$r < r'$: rayon
N : noyau

La marge de précision du temps est grande.
e : électron
S : Soleil
T : Terre

t : temps du système de l'électron
t' : temps du système de la Terre

$c = 2 \pi r \qquad c' = 2 \pi r'$
soit $d = c$ et $d' = c'$; $d = vt$ et $d' = vt'$
$vt = 2 \pi r \qquad vt' = 2 \pi r'$
$vt / vt' = 2 \pi r / 2 \pi r'$
$t / t' = r / r'$
$t = r t' / r'$.

Nous remarquons que la relation entre les t et t' dépend de la grandeur r et r'.

Si les deux se déplacent par rapport au centre du système à la même vitesse ; dans un intervalle de temps donné, un électron a fait plus de révolutions (tours) par rapport au noyau que la Terre par rapport au Soleil... Nous pourrons interpréter cette description d'une autre manière. Soit une révolution de la Terre autour du Soleil représentée en une année. Si la Terre passe un an (tour), l'électron passera plusieurs années (tours).

Nous remarquons que le temps semble passé plus vite microscopiquement si nous interprétons chaque révolution comme une indication de l'écoulement du temps.

Nous ne pourrons retourner dans le passé, mais nous pourrons visionner ou créer le passé ou le futur.

Exemple : la fig. 31-I décrit la trajectoire parcourue par la planète Terre pendant un an (par rapport au Soleil).

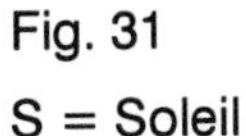

Fig. 31

S = Soleil
T = Terre

La fig. 31-II décrit la trajectoire parcourue par la planète Terre pendant plusieurs années (par rapport au Soleil).

Nous remarquons que la trajectoire pendant un an est très simple ; une légère déviation engendre une déviation importante avec le temps.

Fig. 32

La notion de temps devient importante pour décrire le monde microscopique parce que la variation d'échelle du temps est importante par rapport au monde macroscopique. Par exemple, pour décrire une pomme, nous n'avons pas besoin de tenir compte du temps puisque le temps qu'il faut pour décrire la pomme sans que ce dernier change de forme est suffisamment long, car il faut un intervalle de temps assez long pour que la pomme pourrit. Par contre, pour décrire un électron, ce dernier varie dans un intervalle de temps très court par rapport au monde macroscopique.

ABSTRACTION

Plus l'intervalle de temps est long, plus la grandeur diminue.

5. LA CONFIGURATION D'UN SYSTÈME NON FIXE

Un système en mouvement peut donner une configuration autre que sa propre configuration. La description de ce système en mouvement dépend de l'intervalle de temps alloué pour observer le système et le temps d'évolution du système. Ici, nous parlons seulement de système en mouvement régulier.

Soit un bâton (une dimension) qui décrit un cercle en une seconde, le système aura une forme d'un disque (deux dimensions). Dans un intervalle de temps très long, nous percevons que le bâton ressemble à un disque. Si le bâton fait un nombre infini de tours par seconde, dans une seconde, le bâton ressemble de plus en plus à un disque. Si nous ajoutons neuf bâtons, le disque sera « plus présent » qu'avant. Si nous remplaçons les bâtons par un disque, le disque sera toujours un disque peu importe l'intervalle de temps.

VITESSE D'ÉVOLUTION D'UN SYSTÈME
PAR RAPPORT À L'INTERVALLE DE TEMPS
ALLOUÉ POUR OBSERVER

Le bâton peut prendre différentes formes dépendamment de la trajectoire du mouvement, de la vitesse d'évolution d'un système par rapport à l'intervalle de temps alloué pour observer.

t(v) = la vitesse d'évolution du système « bâton ».

t' = l'intervalle de temps alloué pour observer le système « cercle ».

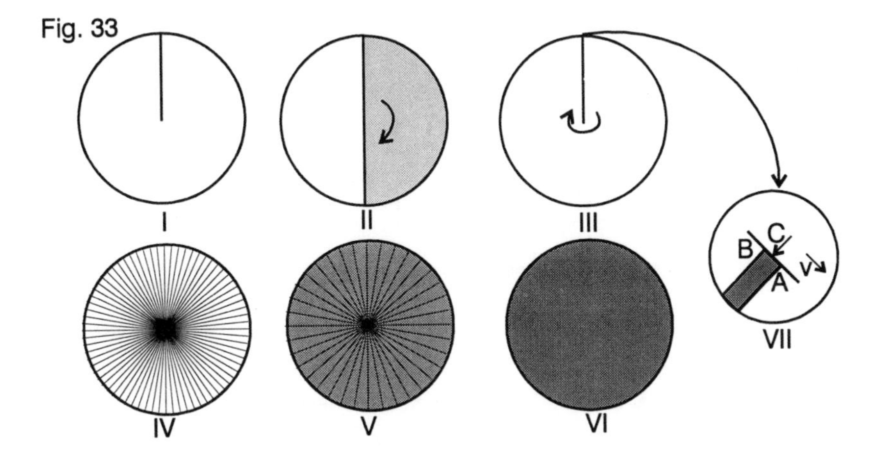

I Un bâton reste immobile : sa présence est permanente. Il occupe une quantité de vide fixe qui est la grosseur d'un bâton. Le système restera identique avec le temps.

$t = 0$ à $t = \infty$ et $t' \rightarrow 0$ à $t' \rightarrow \infty$ Le système « bâton » reste identique avec le temps.

II Un bâton parcourt un demi-tour en deux secondes : le bâton prend la forme d'un demi-disque.

Dans deux secondes, la probabilité de retrouver le bâton est dans un demi-cercle.

III Si le bâton fait un tour au complet en quatre secondes, il prend la forme d'un disque dans un intervalle de quatre secondes.

Dans quatre secondes, la probabilité de retrouver la bâton est dans un cercle.

IV Si le bâton fait un nombre infini de tours par seconde. Dans une seconde, la probabilité de retrouver le bâton à un point donné à l'intérieur du cercle deviendra infinie.

V Si la vitesse tend vers l'infini, le bâton deviendra un disque. (Le bâton a une dimension par rapport au cercle qui a deux dimensions.)

> Il faut tenir compte de l'intervalle de temps alloué pour détecter la présence du bâton à un point donné à l'intérieur du cercle et de la grandeur que nous voulons observer par rapport au bâton. Si l'intervalle de temps alloué est long et le nombre de tours par seconde est grand, le bâton apparaît comme un disque.

VI Dans un intervalle de temps infini, un bâton en mouvement peut représenter comme un disque.

En d'autres mots, V et VI sont identiques.

VII La grandeur que nous voulons observer (c) par rapport à la grandeur du bâton qui est la distance entre le point A et le point B. S'il faut dix secondes pour parcourir du point A au point B, le bâton est en présence permanente dans un intervalle de temps de dix secondes.

Si $t(v) \rightarrow \infty$ et $t' \rightarrow 0$ Le bâton restera en une dimension.

Si $t(v) \rightarrow \infty$ et $t' \rightarrow \infty$ Le bâton aura deux dimensions.

Si $t(v) = 0$ et $t' \rightarrow 0$ ou ∞ Le bâton restera en une dimension.

UN SYSTÈME PEUT PRENDRE DEUX ASPECTS SELON L'INTERVALLE DE TEMPS ALLOUÉ POUR OBSERVER ET LA VITESSE D'ÉVOLUTION DU SYSTÈME.

Fig. 34

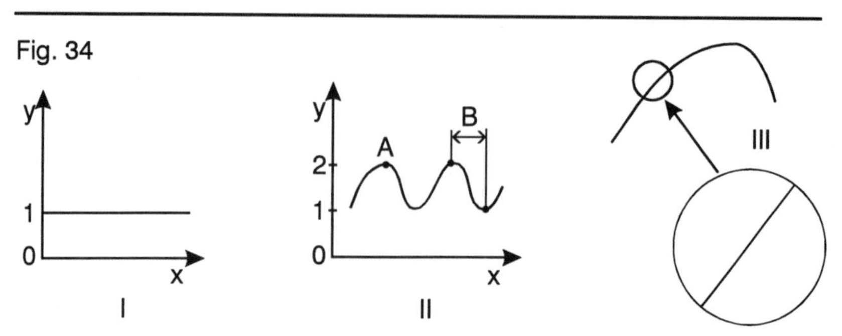

I- Si une particule se déplace en ligne droite (rectiligne), elle se retrouvera à l'axe des Y=1.
II- Si une particule se déplace en courbe sinusoïdale (onde), elle se retrouvera entre Y=1 et Y=2. Dans un intervalle de temps très court (A), nous connaissons la position exacte de la particule. Par contre, dans un intervalle de temps long (B), nous ne connaîtrons que la probabilité de la position de la particule qui se retrouve entre Y=1 et Y=2. La précision du résultat dépend de la vitesse de la particule et de l'intervalle de temps alloué pour l'observer.

ABSTRACTION

Plus l'intervalle de temps est court, plus la particule semble se déplacer d'une manière rectiligne (fig. 34-III). Plus l'intervalle de temps est long, plus la particule se déplace d'une manière ondulatoire.

Un déplacement rectiligne implique seulement une dimension, tandis que les deux autres dimensions sont constantes.

Nous vivons dans un monde où un déplacement peut être visualisé comme rectiligne ou non rectiligne suivant la grandeur et l'intervalle de temps. Quand nous parlons de l'intervalle de temps très long ou très court, il est relatif et il dépend de la grandeur.

Il est important de tenir compte de la grandeur (la variation d'échelle) que nous observons. Si nous agrandissons le graphique ci-dessus, nous remarquons que le déplacement semble être rectiligne (fig. 34-III). Si l'intervalle de temps tend vers 0, nous visualisons une particule « sphérique » : non rectiligne.

* Une sphère : omnidirectionelle.

La notion de temps devient extrêmement importante si nous voulons décrire un système à l'échelle microscopique, puisque l'intervalle de temps devient extrêmement court par rapport à l'échelle macroscopique.

La configuration d'un objet dépend de l'intervalle de temps alloué pour l'observer, de la vitesse d'évolution du sytème et de l'orientation du mouvement du système.

6. LA VITESSE

6.1 Le principe de causalité est immuable même si la vitesse est de beaucoup supérieure à la vitesse de la lumière.

Fig. 35

(Fig. 35) Si A tire une balle vers B à une vitesse supérieure à la vitesse du son ; B reçoit la balle avant d'entendre tirer. Or, selon B, le principe de causalité semble être violé.

Nous transposons cette situation en remplaçant la balle par une superballe qui se déplace plus vite que la lumière. B reçoit la balle avant de voir que A a tiré sur lui. En fait, le principe de causalité est respecté ; seule la transmission d'information est retardée. Cette transmission d'information retardée par la lumière peut aussi donner une distorsion d'image.

6.2 La relativité

Dans l'ensemble de l'Univers, tout système est relatif. Par contre, pour décrire une fluctuation locale, tout n'est pas relatif, car il existe une vitesse limite, un point inertiel de départ ou point de référence absolu (un sytème inertiel privilégié).

6.3 La vitesse limite

Un électron ne peut se déplacer plus vite que la vitesse de la lumière dans un champ d'électromagnétisme si ce dernier l'aide à accélérer, car la vitesse de la lumière a une limite.

1) La vitesse limite par rapport à un point fixe, dans le vide, est c.
2) La vitesse relative limite, dans le vide, est 2c.
3) La vitesse apparente de la lumière, dans le vide, peut être plus grande que 2c.

ABSTRACTION

Fig. 36

Une personne peut pousser un objet à une vitesse maximum de 120 km/h. Or, si le chariot est trop lourd pour cette personne, il le déplacera à une vitesse beaucoup inférieure à 120 km/h. Si nous ajoutons 10 personnes, le chariot se déplacera peut-être près de 120 km/h ; mais il ne dépassera jamais 120 km/h (toujours dans la même direction). Par contre, si un camion, avec une vitesse maximum de 200 km/h, pousse le chariot dans la même direction, le chariot pourra se déplacer plus vite que 120 km/h. Attention, si la résistance de l'air empêche le chariot de se déplacer plus vite que 120 km/h, il pourra vibrer latéralement pour dissiper le surplus d'énergie que le camion a transféré.

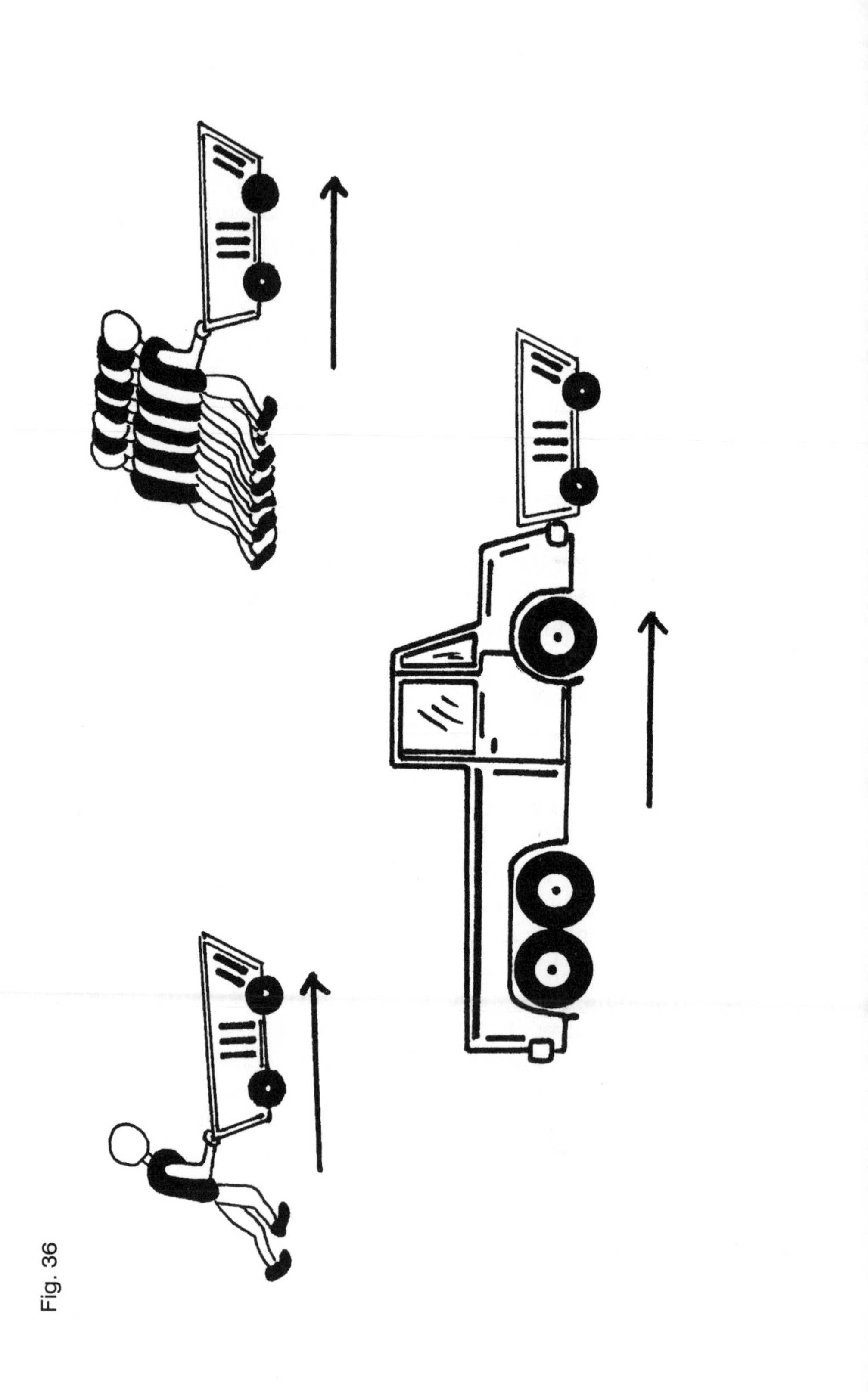

Fig. 36

Fig. 37

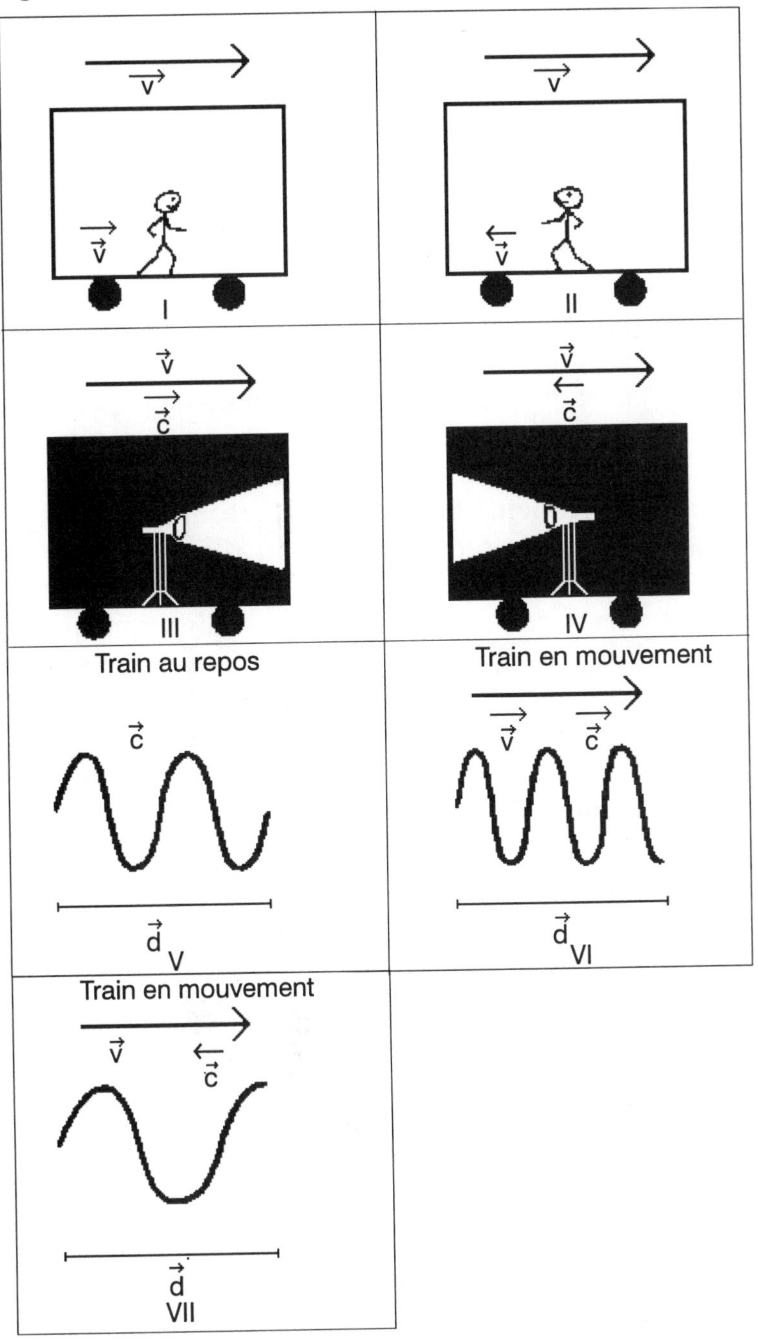

$\vec{v}$
I
II
III
IV
Train au repos
Train en mouvement
$\vec{c}$
$\vec{d}$
V
VI
Train en mouvement
VII

Fig. 37 VITESSE VARIABLE, TEMPS ABSOLU. Certes, (I) une personne marche dans le couloir d'un train dans la même direction que le train, pour un observateur immobile sur le quai de gare, la vitesse s'additionne. Par contre, (II) si une personne marche à la direction opposée d'un train, pour un observateur immobile, la vitesse se soustrait.

Or, si nous remplaçons la personne par une lumière (III et IV), la vitesse ne s'additionne plus, ni ne se soustrait. Pourquoi ? Premièrement, il faut que le train puisse transférer son énergie cinétique à la personne ou au photon. Si le train n'a pas transféré son énergie cinétique à la personne (I et II), la vitesse ne s'additionne plus, ni ne se soustrait.

Deuxièmement, l'énergie cinétique transférée est-elle appliquée dans la même direction (ou direction opposée) ?

(V) Soit la trajectoire d'un photon (dans un train au repos) qui se déplace à une distance ($\vec{d}$) par unité de temps ; si l'énergie transférée est dans la même direction que le photon, la distance ($\vec{d}$) par unité de temps sera invariable (VI) puisque le vide l'empêchera de se déplacer plus vite que c. La vitesse non vectorielle sera augmentée. Par contre, si l'énergie transférée est dans la direction opposée du photon, la ($\vec{d}$) par unité de temps restera invariable aussi, parce que l'énergie perdue est compensée par le surplus d'énergie que le photon possède (la vitesse non vectorielle sera diminuée (VII).

* $\vec{d}$ avec une flèche représente la distance vectorielle (qui possède une direction).

6.4 Vitesse vectorielle versus vitesse scalaire

La vitesse vectorielle est représentative si un objet se déplace et implique une dimension (les deux autres dimensions sont constantes). Cette vitesse représente seulement une partie de la réalité puisque cette dernière est en trois dimensions. En fait, pour décrire un système quelconque, nous devrons remplacer la vitesse par la quantité de vide (mètre cube) qu'un système occupe par unité de temps (seconde) et ce, si la vitesse implique plus qu'une dimension.

Fig. 38
Elle représente les vitesses en une seule dimension. Les vitesses s'additionnent.

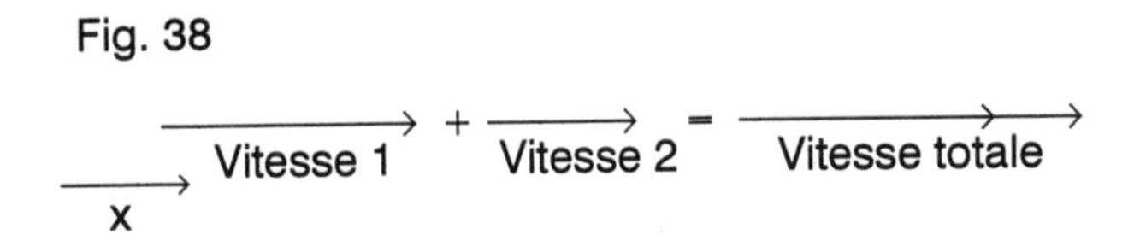

Fig. 39
Il existe trois façons d'additionner les vitesses (A + B).

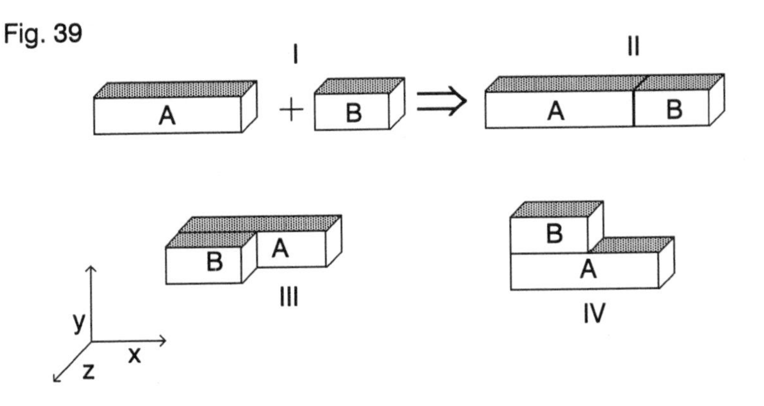

Ici, la prudence s'impose, il faut respecter l'orientation (la direction des vecteurs) en additionnant ces vecteurs ; nous additionnons les vitesses sous forme de scalaire. Ceci ne veut pas dire que nous pouvons additionner les vecteurs sans respecter l'orientation des vecteurs ; il faut transformer les vecteurs en grandeurs scalaires avant de les additionner.

(I) Représente les vitesses en trois dimensions.
(II) Les vitesses s'additionnent sur l'axe des x. L'axe des y et z sont constants.
(III) Les vitesses s'additionnent sur l'axe des z. L'axe des x et z sont constants.
(IV) Les vitesses s'additionnent sur l'axe des y. L'axe des x et y sont constants.

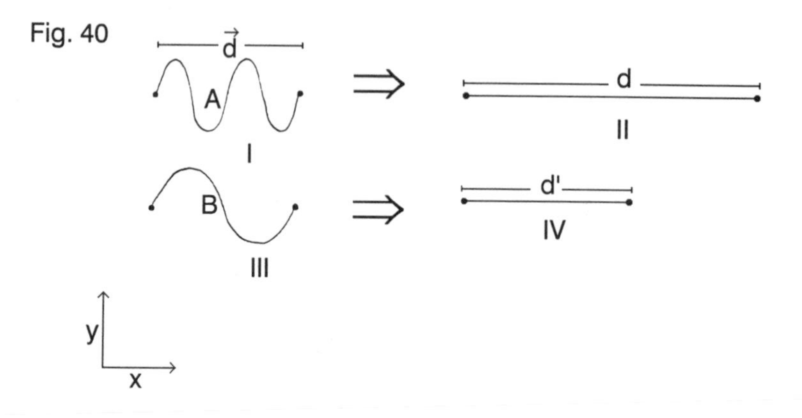

La fig. 40 représente la vitesse en une seule dimension et implique deux dimensions.

I et III A et B ont la même vitesse sur l'axe des x ; les deux prennent le même temps pour parcourir d'un point à l'autre avec une distance ($\vec{d}$) identique sur l'axe des x. Si nous étirons les chemins parcourus par A et par B, nous remarquons que A (II) parcourt un chemin plus long que B (IV) : d > d'. En d'autres mots, A occupe une quantité de vide par unité de temps plus grande que B.

$\vec{d}$ Nous pourrons représenter un vecteur en posant une flèche au-dessus du symbole qui le désigne.

Vecteur : Nous représentons un vecteur par une flèche. Un vecteur possède une direction et une grandeur qui est la longueur de la flèche.

La perméabilité du vide ne permet pas au photon de se déplacer plus vite que c, il est plus facile de se déplacer latéralement : une vitesse implique deux dimensions. Si un objet se déplace à une vitesse très grande, la résistance de l'air empêche un objet de se déplacer plus vite. L'objet vibre.

Plus un photon est énergétique, plus il parcourt un chemin plus long (non vectoriel) par unité de temps et plus il occupe une plus grande quantité de vide par unité de temps.

La fig. 41 représente graphiquement la vitesse.

Une vitesse n'a pas de limite, mais la vitesse (vectorielle) de la lumière a une limite dans le vide. Si la vitesse (vectorielle) de la lumière est incompressible, c'est que le vide l'empêche...

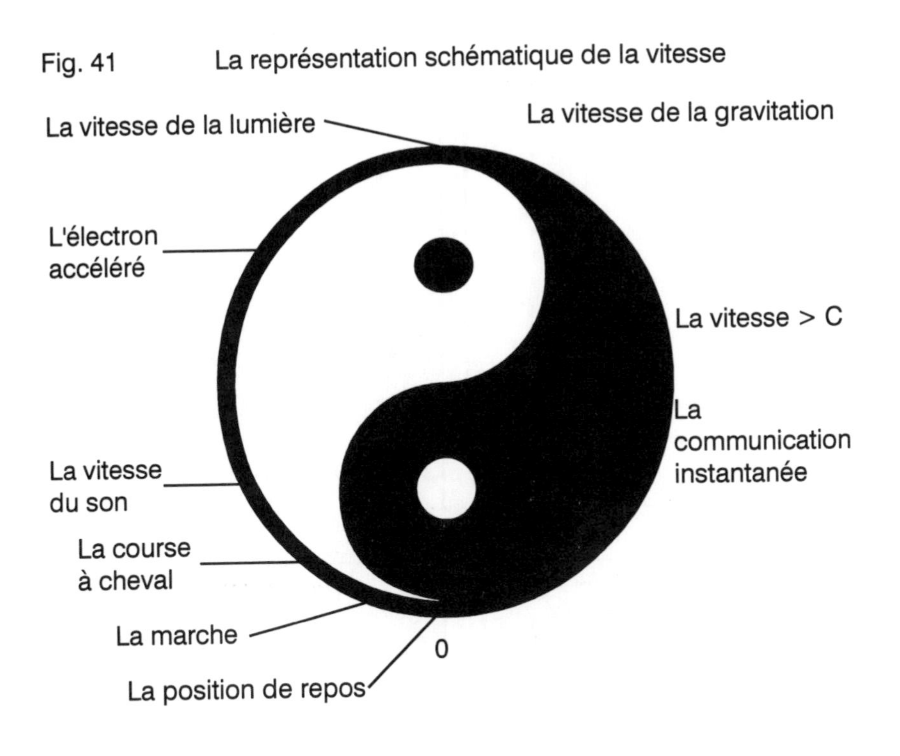

Fig. 41 La représentation schématique de la vitesse

ABSTRACTION

Fig. 42
I Un photon A possède peu d'énergie.
II Un photon B possède beaucoup d'énergie ; le photon B peut défoncer la porte facilement en comparaison du photon A.
III Les photons cognent la porte d'une façon désordonnée ; la porte vibre seulement (lumière naturelle).
IV Les photons cognent en même temps la porte, cette dernière sera défoncée (laser).
(Ici, nous faisons allusion que les photons sont des individus.)

Fig. 42

6.5 Tout n'est pas relatif

Premièrement, la vitesse de la lumière est constante dans le vide peu importe la source de lumière ou l'observateur. Donc, il existe un point de référence privilégié qui est indépendant de tout système soit au repos, soit en mouvement. Si tout est relatif, la vitesse de la lumière ne sera pas une exception.

Deuxièmement, un objet se déplace par rapport à un point fixe indépendamment d'autres systèmes s'il n'y a pas de transfert d'énergie.

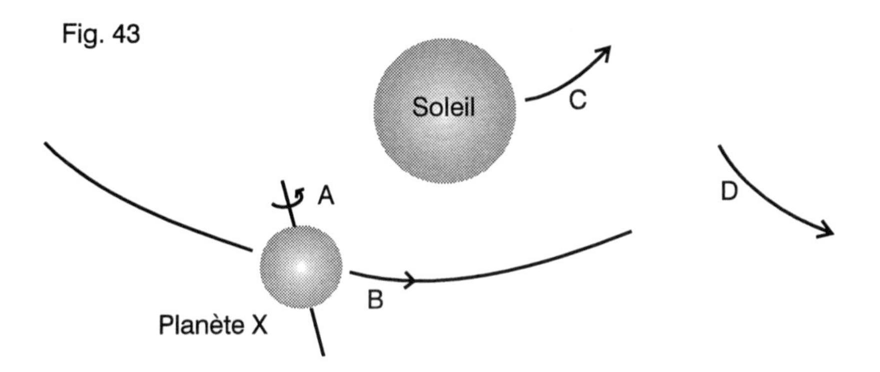

IL EXISTE UN POINT PRIVILÉGIÉ (UN POINT FIXE)

La trajectoire de la Terre par rapport à un point fixe n'est pas, comme nous le croyons, elliptique. Nous savons que la Terre tourne autour de son axe (A) et elle tourne autour du Soleil (B). Mais le Soleil se situe quelque part dans la banlieue de la Voie lactée (C) (notre galaxie) en rotation et cette Voie lactée se situe dans un amas de galaxies qui se déplacent à une vitesse quelconque (D). La trajectoire résultante n'est pas elliptique. Soit un système au repos auquel nous réussirons à créer un vide entre ce système et le milieu extérieur. Il existe encore les champs électromagnétiques et gravitationnels qui peuvent l'influencer. De plus, il existe une autre forme d'énergie que nous ignorons : la quantité de vide en trois dimensions que le système occupe par unité de temps : énergie* = quantité de vide qu'un système occupe par unité de temps. Pour déterminer cette forme d'énergie, il faut prendre un point de référence fixe par rapport à un système. Ce point est un point absolu. Or, nous nous demandons pourquoi nous ne sentirons jamais cette forme d'énergie ? Si le milieu transfère son énergie à un système, la position de ce dernier est relative par rapport au milieu. Dans le cas contraire, il faut tenir compte de cette forme d'énergie. Si la Terre transfère son énergie à un système, ce dernier fait partie du système « Terre ».

* Le mot énergie inclut toute forme d'énergie y compris la quantité de mouvement, le mouvement angulaire, le spin, etc.

Énergie positive : un système occupe une quantité de vide par unité de temps.

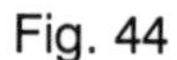

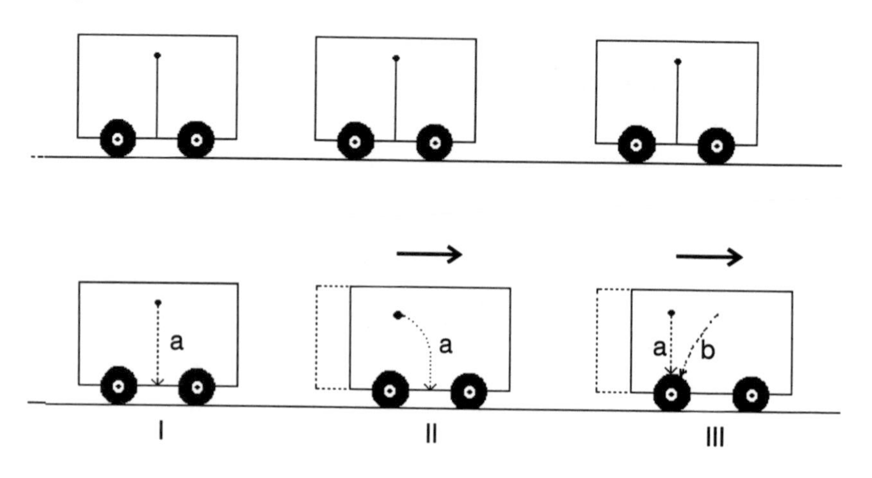

(I) Le système de référence = wagon.

(II) Le système de référence = Terre.

Si nous lâchons une roche du haut du poteau d'un wagon, elle tombera au pied du poteau, que le wagon soit au repos ou en mouvement. Dans ce dernier cas, la roche ne tombera pas du tout en arrière.

Selon un observateur sur le quai, la trajectoire de la roche trace une courbe parabolique (IIa). En revanche, une personne embarquée observe la roche tombée simplement verticalement (Ia). Or, dans ce cas, il faut que le wagon transfère son énergie à la roche. S'il n'y a pas de transfert d'énergie, une personne embarquée verra la roche tombée en arrière (IIIb), tandis qu'un observateur sur le quai verra la roche tombée verticalement (IIIa).

6.6 Relativité de vitesse et de grandeur

I- Relativité (variation de système de référence) : la vitesse. Les deux systèmes ont une grandeur identique. La vitesse limite est le c (la vitesse de la lumière). Si deux locomotives roulent à 120 km/h dans la même direction, la personne dans la locomotive verra ce dernier rouler à 120 km/h par rapport à un point fixe à l'extérieur. Par contre, cette personne verra que la locomotive d'à côté reste immobile par rapport à sa locomotive.

II- Relativité (variation d'échelle) : la grandeur. Les deux systèmes ont une grandeur différente.

Fig. 45

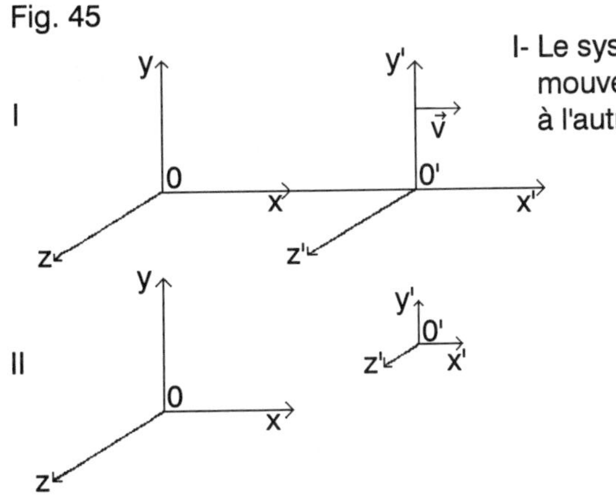

I- Le système 0 et 0' est en mouvement l'un par rapport à l'autre

La grandeur limite est le h* (Constante de Planck). Sans une comparaison, une personne ne peut pas savoir si elle est grande ou petite. Quand nous parlons du monde macroscopique, il est relatif : en comparant avec le monde quantique, nous vivons dans un monde macroscopique. Par contre, en comparant avec le monde astronomique, nous vivons dans un monde microscopique.

* Nous considérons que le h est la limite de grandeur que nous décrivons, mais cet h peut être fractionné à l'infini...

7. LA LOI DE CONSERVATION

« Rien ne se perd, rien ne se crée... » Lavoisier.

Cette loi est violée si l'instantanéité n'existe pas.

Rien ne se perd : instantanéité.

Rien ne se crée : vitesse limite.

L'instantanéité existe si, dans un milieu, il n'y a pas de transformation ni de déformation.

Exemples : une tige rigide, une corde très tendue ou un certain état de champs de gravitation et d'électromagnétisme.

Si le vide est déformable, il possédera une vitesse limite.

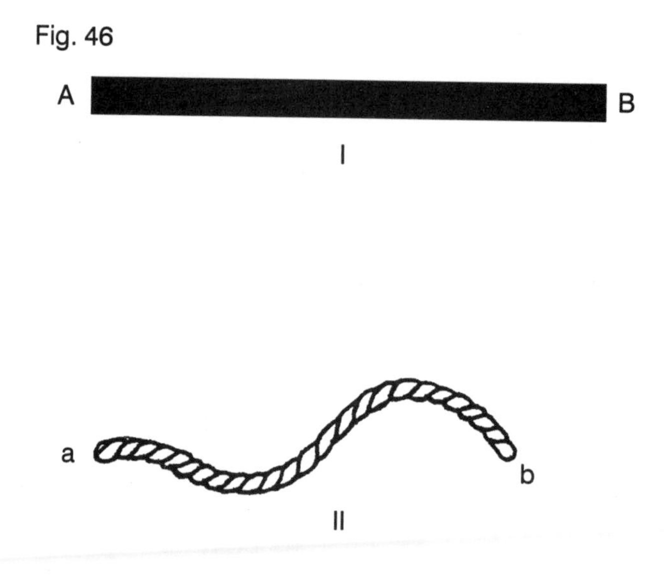

Tige rigide (I) La variation du point A influence le point B, sinon une perte de matière est observée dans un intervalle de temps donné et la loi de la conservation est violée.

Une corde non rigide (II) L'application d'une force au point A ne change pas nécessairement le point B. Par contre, si la corde est tendue, un changement au point A pourra influencer le point B.

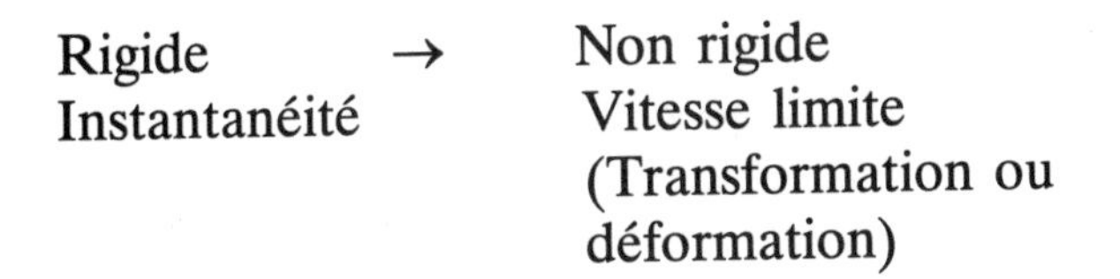

Rigide →	Non rigide
Instantanéité	Vitesse limite (Transformation ou déformation)

Fig. 47

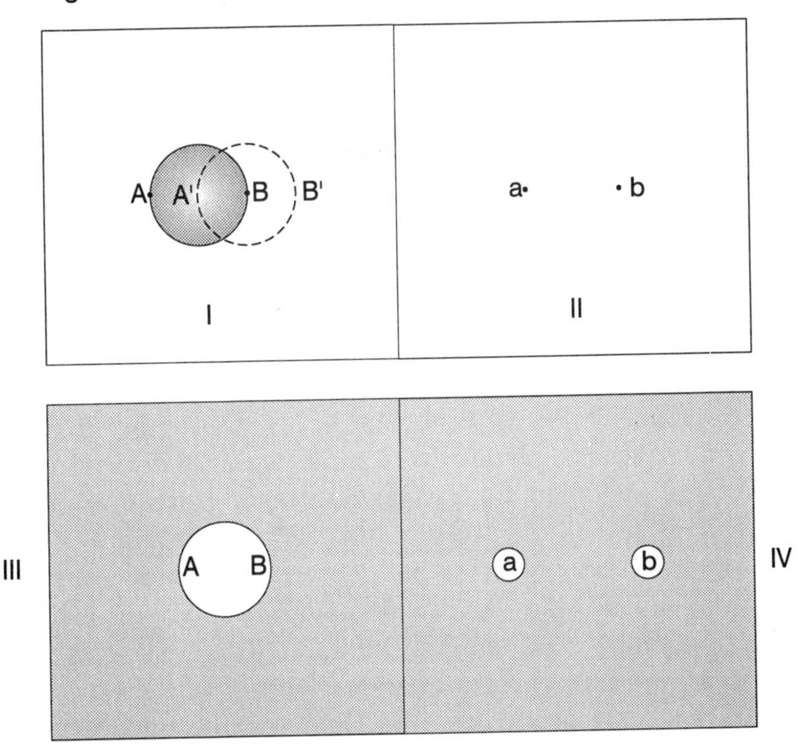

I et III Si nous déplaçons le point (A) en appliquant une pression à ce point vers le point (B), ce dernier se déplacera en même temps ⇒ instantanéité. (En fait, ce sont deux points qui se déplacent simultanément.)

II et IV Si nous déplaçons le point (a) en appliquant une pression à ce point vers le point (b), ce dernier réagira seulement si le point (a) touchera le point (b). Si une vitesse instantanée existe, le point (a) pourra apparaître et disparaître dans n'importe quel endroit à n'importe quel moment ⇒ cela ne sera plus un déplacement.

Fig. 48

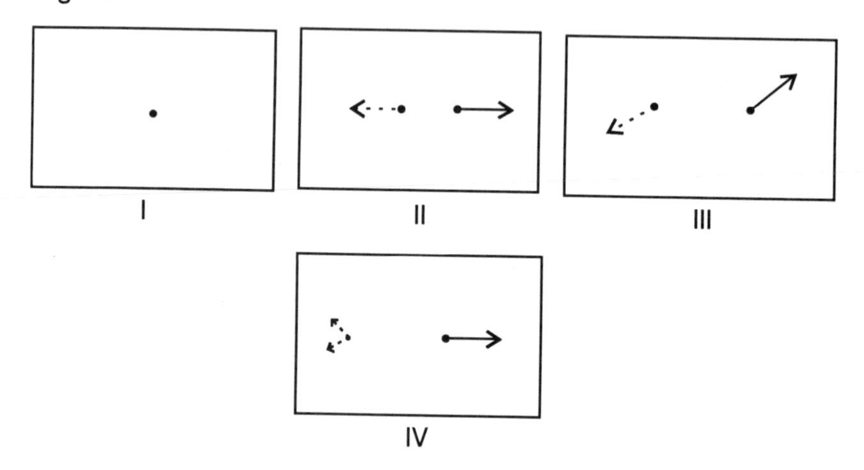

Soit une particule imaginaire (I) au repos. Si cette particule se scinde en deux (II), l'une prend la direction est, l'autre prend forcément la direction ouest (direction opposée) : dans le cas où il n'y a pas de transformation ni de déformation. Sinon, il n'y a pas de conservation de symétrie. Or, nous savons qu'une particule peut se déplacer d'une manière ondulatoire. Chaque instant, la direction résultante doit toujours être égale à zéro peu importe la distance qui sépare les deux particules (III). Par ailleurs, une particule peut se décomposer sa direction en deux (IV) pour donner toujours la direction résultante qui est égale à sa direction avant la décomposition : dans ce cas, il y a une transformation.

Ici, le système n'implique pas un transfert d'énergie ou une force d'un corps. Il s'agirait plutôt d'une influence immanente et omniprésente qui respecte la conservation de symétrie. La vitesse et le principe de causalité ne s'appliquent pas dans ce cas.

LE DÉMON DE MAXWELL

L'agitation des molécules d'un gaz contenu dans un système n'est pas uniforme. Pourrons-nous utiliser la dispersion des énergies pour faire fonctionner un moteur ? Non, si nous réussissons à classer les molécules en fonction de leur agitation de part et d'autre d'une cloison, créant ainsi une différence de température entre les deux parties de la boîte, cette différence de température totale devra être égale à la température initiale s'il n'y a pas d'apport d'énergie extérieur. De plus, pour classer les molécules de part et d'autre d'une cloison, il faut de l'énergie pour changer l'emplacement des molécules.

Chapitre 3
Le vide

1. DÉFINITION

Le vide représente un état d'***homogénéité*** jusqu'à un certain degré avec une densité définie et il est relatif selon la grandeur que nous observons. Ceci implique que le plein est aussi le vide puisqu'il est aussi homogène. Attention ! Le plein et le vide sont superposables et opposés. Tout ce qui est homogène est vide ? Expliquons-nous : certes, le vide est homogène, mais il possède aussi une grandeur et une densité définie.

Pour décrire un système, il faut tenir compte du vide. Ce vide est le « zéro » en terme mathématiques. Si nous n'utilisons plus le zéro en mathématiques, le résultat sera affreux...

Nous décrivons le vide en trois dimensions (mètre cube) et avec une densité bien déterminée.

Faire l'expérience sur Terre : il faut considérer que le milieu contient la gravitation, le champ électromganétique et la quantité de vide* que le système occupe par unité de temps (car la Terre n'est pas fixe par rapport à un point absolu).

* Pour savoir la quantité de vide qu'un système occupe par unité de temps, il faut prendre un point de référence absolu (un point privilégié).

Revenons à notre exemple. « Comment une fluctuation peut créer une brisure de symétrie? »

La grosseur de la ligne représente la grandeur : la ligne peut être grosse ou petite dépendant de la grandeur que nous voulons décrire ou observer. Nous utilisons la grandeur h pour décrire le monde quantique.

(La fig. 49) Si nous mettons trois points sur la ligne. La position d'un point par rapport aux autres est relative. Si chaque point représente un système, tout système est relatif. Par contre, si nous supposons qu'un des points est le zéro, il existera un point qui est un point fixe ou point privilégié. Ce point zéro représente le vide (V) et il divise la ligne en deux parties : une partie positive (E) (l'électromagnétisme) et une partie négative (G) (la gravitation). Donc, la gravitation et l'électromagnétisme sont deux entités superposables et opposées. Nous pouvons exprimer ces deux entités d'une autre manière aussi.

Si nous déplaçons le zéro d'un côté ou de l'autre, la gravitation ou l'électromagnétisme peuvent représenter le vide sauf que l'échelle de la densité change. En d'autres mots, nous pouvons dire que les deux sont superposables et opposées ou les deux sont identiques sauf que la densité change.

M = Matière
E = Électromagnétisme
V = Vide
G = Gravitation

Pour déduire lequel des trois exemples ci-dessous concorde avec la réalité, nous allons les comparer :

Fig. 49

1)

```
------------------•-----•-----•------------------

------------------+-----+-----+------------------
                 +1     0    -1

------------+-----+-----+-----+-----+------------
            M     E     V     G
```

Il existe un état autre que l'électromagnétisme et la gravitation : le vide.

Le vide existe entre l'électromagnétisme et la gravitation.

L'électromagnétisme et la gravitation sont deux entités superposables et opposées.

2)

```
Référence  -----+-----+-----+-----+-----+---------
                M     E     V     G     SG

----------------------+-----+-----+-----+---------
                     +2    +1     0    -1

----------------------+-----+-----+-----+---------
                            E     G     SV
```

Soit une fluctuation vers une grandeur plus petite. Si nous déplaçons le zéro et nous considérons que la gravitation est le vide. Une fluctuation autour de la gravitation peut donner un supervide (SV) et une condensation gravitationnelle (E) qui est l'électromagnétisme. En d'autres mots, la présence d'électromagnétisme et de supervide s'annihilent mutuellement pour donner la gravitation.

L'électromagnétisme est la gravitation condensée.

Il existe un supervide qui a une grandeur plus petite que la gravitation.

Le supervide et l'électromagnétisme sont deux entités superposables et opposées.

3)

Soit une fluctuation vers une grandeur plus élevée.

```
Référence  -----+-----+-----+-----+-----+---------
                M     E     V     G     SG

----------------+-----+-----+-----+-----+---------
               +1     0    -1    -2

----------------+-----+-----+-----+-----+---------
                M     E     G
```

Si nous déplaçons le zéro et nous considérons que l'électromagnétisme est le vide. Une fluctuation autour de l'électromagnétisme donne la matière et la gravitation. En d'autres mots, la présence de la matière et de la gravitation s'annihilent mutuellement pour donner l'électromagnétisme.

L'électromagnétisme peut se transformer en matière et en gravitation.

La matière et la gravitation sont deux entités superposables et opposées qui peuvent s'annihiler mutuellement pour créer l'électromagnétisme.

L'exemple 1 représente plus la réalité.

Fig. 50

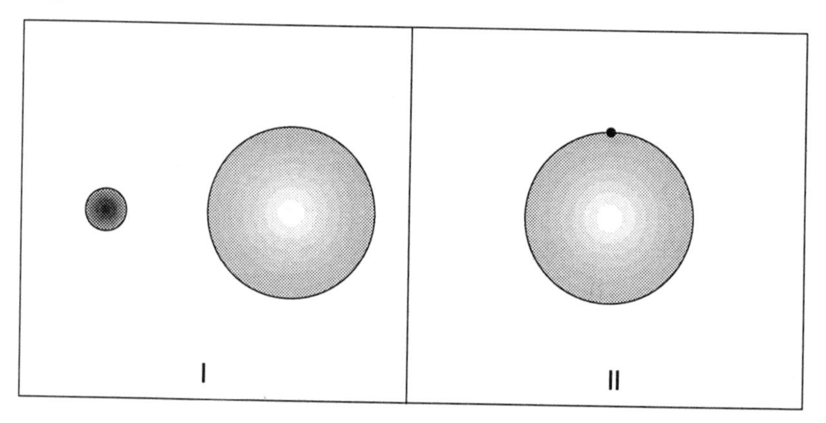

Ici, nous représentons le vide par une sphère grise (en trois dimensions) et le plein par une sphère noire : un point (I).

Nous remarquons les caractéristiques suivantes.

– Ils sont superposables dans tous les sens. Ils ne sont pas l'image-miroir.

– La grandeur ne signifie rien, puisqu'une grosse ou petite sphère grise représente toutes deux le vide ⇒ La grandeur ne s'applique pas.

(N.B. : Nous nous posons peut-être parfois la question suivante : « Si la sphère grise devient extrêmement petite, elle se confond en un seul point ; est-ce que ce point représente le plein ? »)

N'oublions pas que l'agrandissement d'un point représente une sphère aussi. Nous ne pouvons pas dire que l'un est plus grand que l'autre, car ils sont superposables et opposés.

Philosophie chinoise : « L'infiniment grand n'a pas d'extérieur et l'infiniment petit n'a pas d'intérieur... »

Le principe de dualité : superposable et opposé. En fait, dans ce cas ils sont aussi similaires. Voilà pourquoi il faut appliquer ce principe pour décrire la réalité, puisqu'une brisure de symétrie engendre notre monde actuel.

II- Si nous indiquons un point au hasard sur la sphère, nous ne pourrons dire sa dimension ni son temps et ni sa grandeur. Le point est symétrique, tout est relatif.

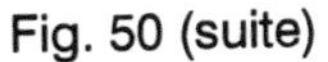
Fig. 50 (suite)

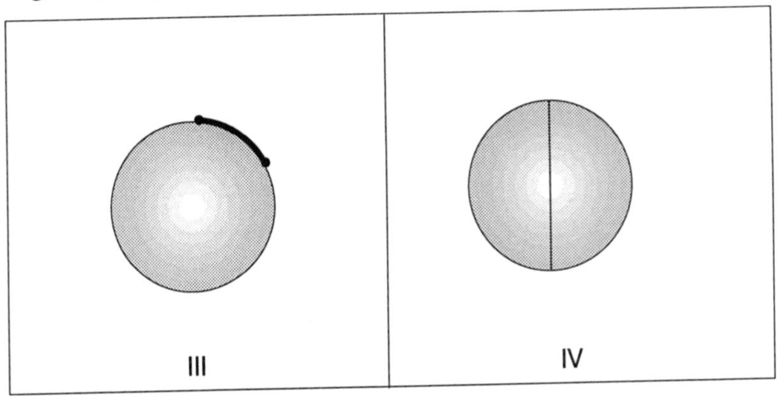

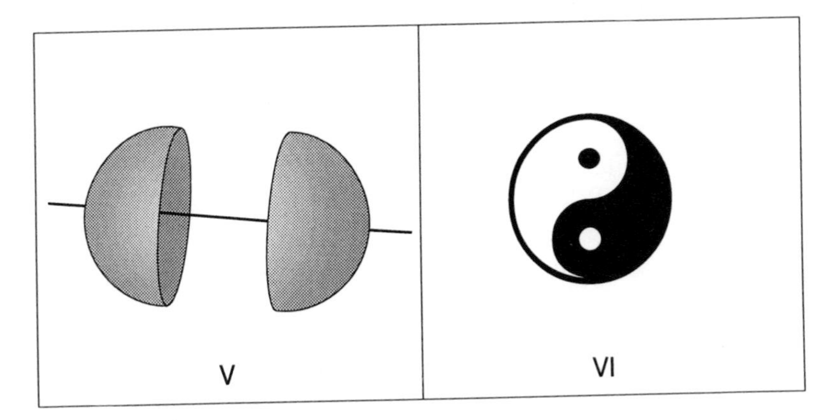

III- Si nous traçons une ligne reliant les deux points qui ont une longueur, nous pourrons dire sa dimension (une ligne), son temps (1 s pour tracer la ligne) et sa grandeur (1,5 cm). Le système est encore symétrique, donc il est relatif.

IV- Si nous coupons le point en deux parties égales. La symétrie est brisée.

V- Les deux parties sont des images-miroir. Elles sont identiques aussi. Elles n'ont pas d'affinité définie puisqu'une rotation de l'une (dans un axe de rotation) est encore la complémentarité de l'autre.

VI- Les deux parties sont superposables et opposées. Elles ont une affinité définie puisqu'une rotation de l'une (dans un axe de rotation) affecte la complémentarité.

2. LA GRAVITATION

La gravitation agit sur tout objet en fonction de la masse, tandis que l'électromagnétisme gouverne tous les phénomènes électriques et magnétiques ainsi que les conditions d'existence des ondes électromagnétiques. Ces deux forces sont deux interactions à longue portée, c'est-à-dire que leurs effets peuvent agir à l'infini* (mais pas nécessairement à l'infini).

* Ici, le mot « infini » signifie simplement une grande distance. Si la quantité d'énergie est finie, son action est finie aussi.

Le vide étiré donne la gravitation (espace : énergie négative). Cet espace est fini puisqu'une fluctuation locale crée cet espace et sa distance d'action est grande selon son intensité. Si l'énergie positive possède une quantité définie, l'énergie négative l'est aussi. La distance d'action peut être grande, mais son action n'agit pas nécessairement sur une grande distance.

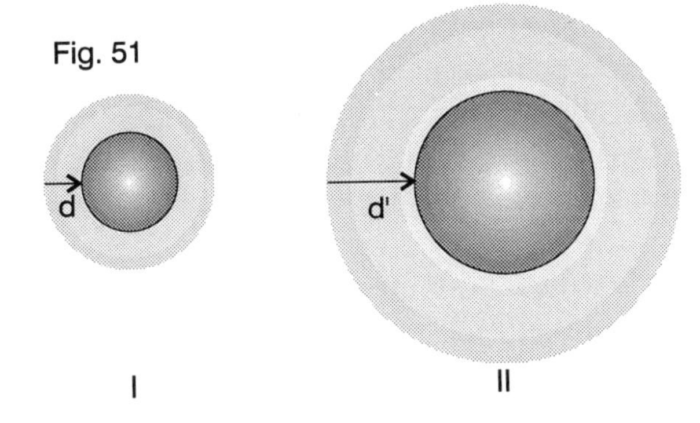

(Fig. 51) Soit (I) possède une quantité d'énergie définie, sa distance d'action (d) est finie. Si (II) possède une quantité d'énergie supérieure à la (I), sa distance d'action (d') sera beaucoup plus grande que (I).

Le champ gravitationnel affecte la quantité de vide qu'un système occupe par unité de temps puisqu'il s'agit du vide étiré.

Fig. 52

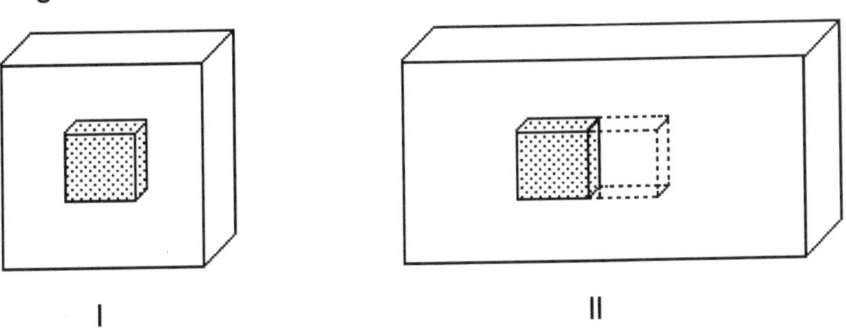

(Fig. 52) Soit un système fixe placé dans le vide (I), le volume de vide que l'objet occupe est fixe. Or, dans un champ gravitationnel où le vide est étiré, l'objet doit occuper un volume de vide identique à (I) pour respecter le principe de conservation de l'énergie. Si le vide est étiré deux fois (II) et crée deux fois le volume de vide de la (I), l'objet occupera deux fois le volume dans (II) en se déplaçant pour préserver la quantité de vide. Est-ce que ce déplacement est permanent ? Ici, nous comparons simplement le système II avec le système I.

2.1 Le labyrinthe gravitationnel

Il est possible de créer un espace immense dans un vide restreint. Il s'agit de vide étiré : si un volume x de vide est étiré de 10 x, un espace dix fois plus grand sera ainsi créé et le volume x de vide restera le même.

2.2 L'évolution d'un système dans la gravitation

L'écoulement du temps ne varie pas avec l'intensité du champ gravitationnel et ce dernier ne ralentit pas le temps ; si nous vivons sur une planète où le champ gravitationnel est dix fois plus intense que la Terre, nous ne vivrons pas plus longtemps, car un changement important de la gravitation ne permet pas à notre corps de s'adapter facilement (biologiquement) à ce nouvel environnement. Si nous utilisons un sablier pour mesurer le temps, le sable coule beaucoup plus vite mais cela ne signifie nullement que le temps est accéléré. Par ailleurs, si nous vivons dans un vaisseau spatial qui se déplace à une vitesse proche de la vitesse de la lumière, l'espérance de vie n'augmentera pas par rapport au système « Terre » (les particules qui ont besoin d'énergie pour préserver leur intégrité changeront leur temps de désintégration).

DÉFINITION

La PÉRIODE T est le temps dont l'onde a besoin pour parcourir une distance d'une longueur d'onde. Le nombre d'oscillations (ou de cycles) par unité de temps constitue la FRÉQUENCE f. La fréquence est la réciproque de la période.

(Fig. 53) La vitesse limite est de 10 m/s. Soit A, B, C et D ayant parcouru une distance de 10 m à l'axe des x en une seconde. D possède une quantité de vide plus grande que C. Donc, ce dernier a une fréquence moins élevée que D.

Fig. 53

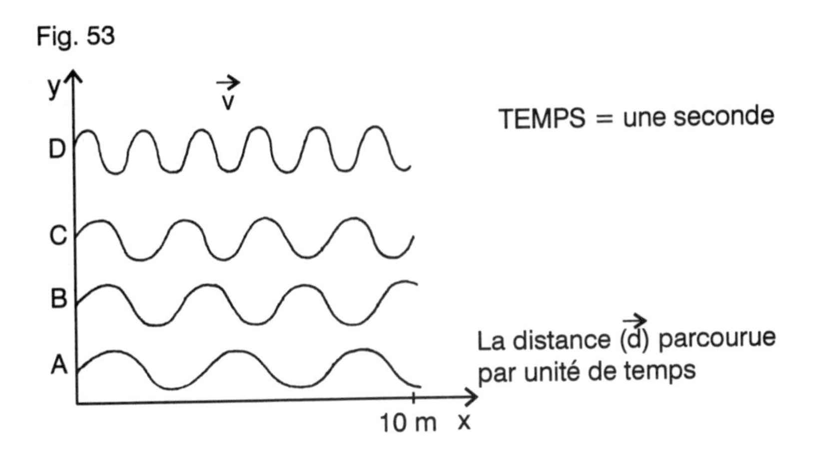

Comparaison entre les systèmes A, B, C et D.

Vitesse vectorielle à l'axe des x = 10 m/s = A = B = C = D
Vitesse non vectorielle : $A<B<C<D$
Quantité de vide par unité de temps : $A<B<C<D$
Fréquence : $A<B<C<D$
Longueur d'onde : $D<C<B<A$

ABSTRACTION

Soit un photon qui possède une longueur d'onde de deux mètres par seconde (I). Si nous le plaçons dans un champ gravitationnel (II) où le vide étiré possède, au volume égal, une demie quantité de vide de (I). Nous constaterons que le photon aura une longueur d'onde de quatre mètres par seconde.
La vitesse de la lumière (c) est constante dans le vide.
c = la longueur d'onde × la fréquence.
3×10^8 m/s = 2 mètres × la fréquence.

$$\text{La fréquence (I)} = \frac{3 \times 10^8 \text{ m/s}}{2 \text{ mètres}} = 1{,}5 \times 10^8/\text{s}$$

$$\text{La fréquence (II)} = \frac{3 \times 10^8 \text{ m/s}}{4 \text{ mètres}} = 0{,}75 \times 10^8/\text{s}$$

Nous remarquons qu'il y a une variation de fréquence ; ceci ne signifie pas que le temps varie comme nous l'avons constaté.

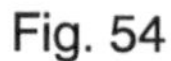
Fig. 54

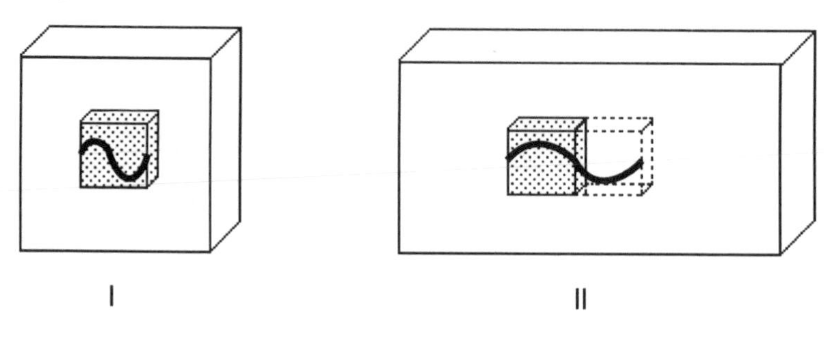

Fig. 55

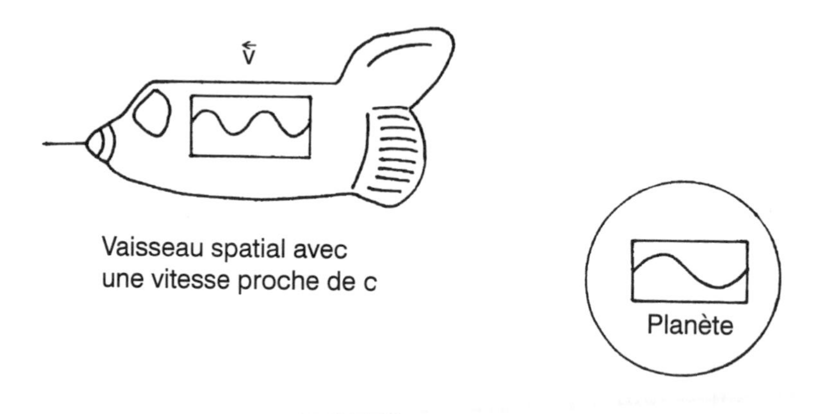

Soit deux photons identiques : l'un demeure sur une planète immobile et l'autre voyage dans un vaisseau spatial qui se déplace à une vitesse proche de celle de la lumière. Nous remarquons que sur la planète immobile, la quantité de vide reste invariable, tandis que la quantité de vide par unité de temps augmente dans le vaisseau spatial. La longueur d'onde diminue, donc la fréquence augmente. Cette variation de fréquence n'est pas due à une variation de temps.

Fig. 56

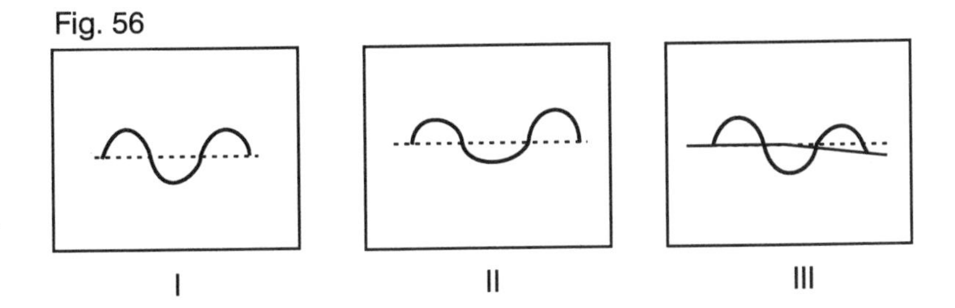

En étudiant la réfraction et la réflexion de la lumière, nous remarquons qu'un changement de milieu peut dévier un faisceau lumineux. De même, la gravitation peut dévier un faisceau lumineux si son intensité n'est pas uniforme. (I) Représente un milieu où la gravitation est absente ou elle est présente et uniforme, le système est symétrique. (II) Représente un milieu où la gravitation est présente et non-uniforme (l'intensité est plus grande sur la moitié inférieure du dessin). La partie du faisceau lumineux qui se situe dans un milieu où le vide est étiré, dont la longueur d'onde deviendra plus longue, le faisceau changera de direction pour amener à la symétrie (III).

3. L'ÉLECTROMAGNÉTISME

L'électromagnétisme : son vecteur d'interaction est le photon.

Le vide condensé donne le photon (énergie positive : il possède une quantité d'énergie finie et sa distance d'action peut être grande).

Or, si le vide est déformable, il existera une vitesse limite qui sera la vitesse de la lumière.

La représentation graphique de la gravitation et l'électromagnétisme.

Fig. 57

La force électromagnétique

⟵ • >

La force gravitationnelle

Il existe deux forces fondamentales : la force Yang (électromagnétique) et la force Yin (gravitationnelle).

3.1 L'origine du photon

Fig. 58

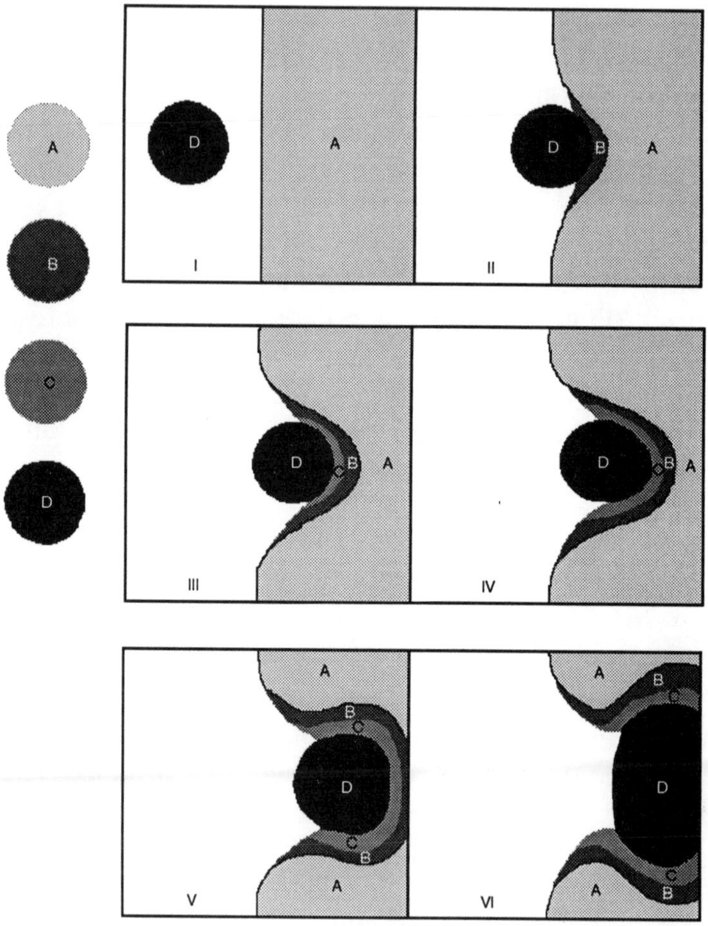

Fig. 58

Densité : A<B<C<D

Une bille faite en polystyrène condensé (D) se frappe contre un mur en polystyrène.

I Avant la collision, la densité de la bille est de beaucoup supérieure au mur.

II La compression de la bille augmente la densité du mur en polystyrène qui est en contact avec la bille.

III La densité du mur en contact avec la bille continue à augmenter.

IV La densité du mur en polystyrène est maintenant égale à celle de la bille. Par conséquent, une partie est identique à celle de la bille.

V Or, la bille se heurte sur un mur trop dur, elle se déplace latéralement pour le surplus d'énergie qu'elle possède.

VI La bille et la partie du mur en polystyrène condensé deviendront les mêmes entités.

Résumé :

Soit la dureté de la bille (D) qui est supérieure au mur en polystyrène (A). Si la bille compresse le mur en polystyrène à une certaine profondeur, la dureté du mur en polystyrène sera égale à celle de la bille. Donc, A=D. Si nous appliquons une force encore plus grande, la bille se déplacera latéralement.

On transpose cette situation en supposant que D est le photon et A est le vide ⇒ le photon est le vide condensé. Mais il faut de l'énergie pour cette contraction : une fluctuation donne une énergie positive et négative.

Quand le vide se contracte, la quantité minimale requise est h. (L'espace créé a une grandeur aussi.)

Fig. 59

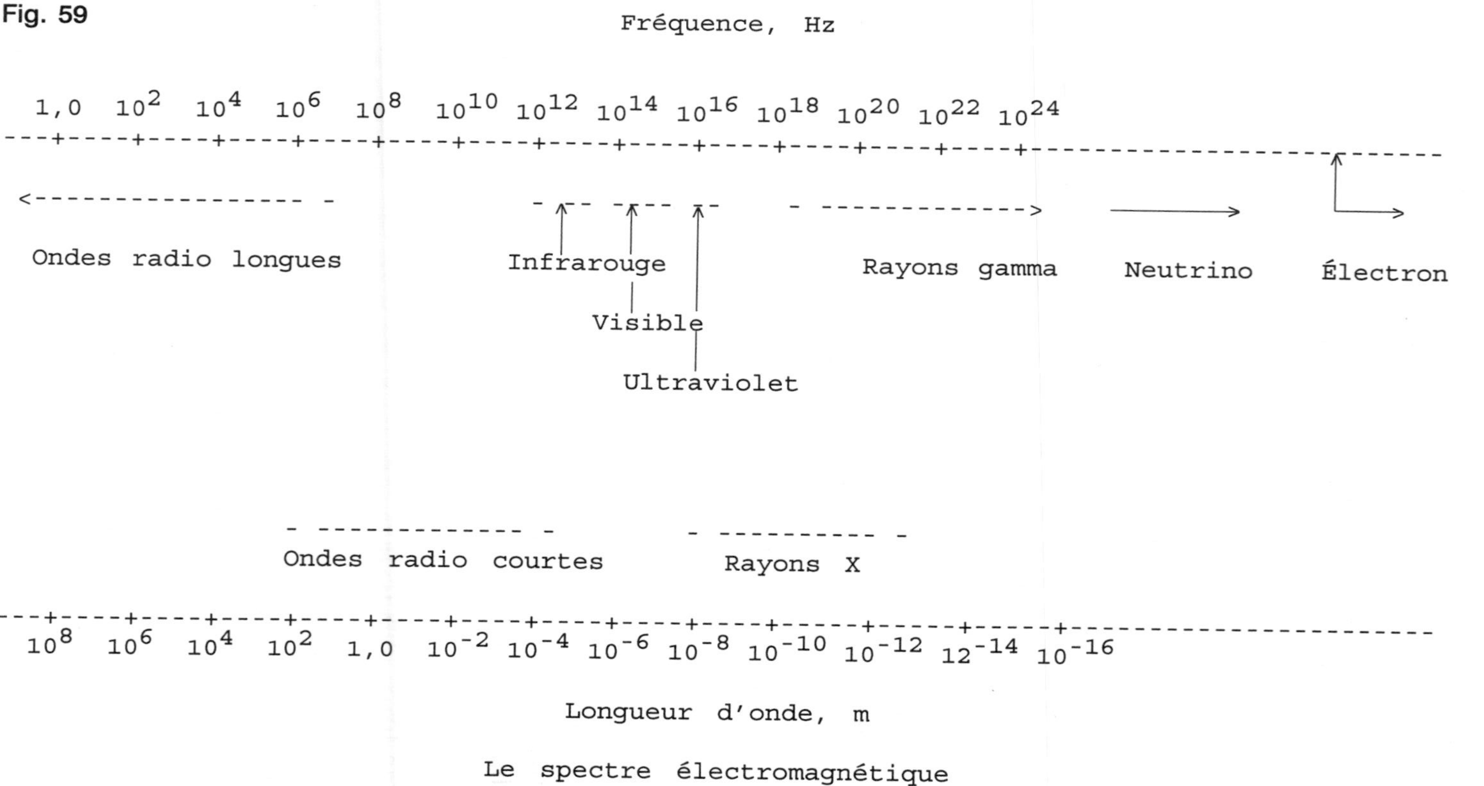

Le spectre électromagnétique

La quantité de vide que D a occupé dans un intervalle de temps donné = le vide qui est contracté dans un intervalle de temps donné. Il est important de noter que la lumière se déplace avec une vitesse constante dans le vide qui est le c si le vide est constant (voir la définition du vide). Par contre, si la lumière se déplace dans l'espace ou dans un milieu quelconque, le chemin parcouru (non vectoriel) par unité de temps sera différent.

La force gravitationelle a une limite comme l'énergie que le photon possède. Si le photon a trop d'énergie, il se transformera en une particule quelconque. Si le photon perd son énergie, son chemin parcouru (non vectoriel) par unité de temps sera diminué.

Si la force gravitationnelle est très intense, la gravitation se transformera. Plus un corps est massif, plus l'espace créé est grand.

L'utilisation de la force électromagnétique dans notre vie quotidienne devient essentielle et son application devient de plus en plus vaste. Quant à la force gravitationnelle, l'utilisation de cette force remonte dans l'ancien temps chinois où le maître Kung Fu utilisait cette force pour rendre son corps plus léger ou pour marcher sur le mur : la force créée est au niveau des mains ; cette force permet de créer une attraction entre le palme de la main et le mur. Depuis, l'homme n'a jamais pu l'utiliser...

ABSTRACTION

Retour à l'état original du vide.
L'énergie positive tend à perdre son existence en se déplaçant.
La gravitation tend à prouver son existence en agissant sur la matière.

3.2 Système compressé par le vide

En 1892, Fitzgerald émit une hypothèse en supposant que tous les corps étaient comprimés par un facteur $\sqrt{1-(v^2/c^2)}$ dans la direction du mouvement relatif à l'éther immobile. Cette hypothèse fut par la suite élaborée par Lorentz pour expliquer le résultat nul de Michelson-Morley. Ainsi, tous les corps qui possèdent une vitesse proche de celle de la lumière et dont leurs trajectoires seraient comprimées par un facteur $\sqrt{1-(v^2/c^2)}$ dans la direction du mouvement relatif au point de référence fixe (point absolu).

$c = \lambda f$ = la longueur d'onde × la fréquence.

Le c est la vitesse de la lumière en une seule direction.

Si la longueur d'onde tend vers zéro, la fréquence tend vers l'infini.

Si la longueur d'onde devient zéro, la fréquence devient infinie. Le résultat devient-il aberrant ?

Non, le c ne sera plus la vitesse en une seule direction, puisqu'il implique la deuxième direction qui est perpendiculaire à la direction de la lumière : il y aura une augmentation de dimension. Ainsi, la masse apparaît, car la vitesse se transforme en masse.

Si $f = \infty \rightarrow \lambda = 0$ La vitesse non vectorielle $\rightarrow \infty$, c'est-à-dire la vitesse instantanée.

$$\boxed{F = ma} \quad \text{où } a = \text{accélération} = \left(\frac{v_f - v_i}{t_f - t_i}\right)$$

v_f = vitesse finale	v_i = vitesse initiale
t_f = temps final	t_i = temps initial

Donc, nous pourrons écrire comme suite :

$$\boxed{F = m\left(\frac{v_f - v_i}{t_f - t_i}\right)} \quad \text{où } m = \text{masse}$$

v = la quantité de vide qu'un système occupe par unité de temps.

m = la quantité de vide compressée.

4. LA FORMATION DE DEUX AUTRES FORCES

Pour comprendre la nature intime de la matière et les quatre forces fondamentales, il faut connaître la façon dont la matière a été créée et essayer d'unifier ces quatres forces fondamentales.

La découverte de la radioactivité et du noyau atomique a révélé l'existence de deux autres forces : la force faible et la force forte. Ces deux forces sont à très courte portée, c'est-à-dire que leurs effets ne se font sentir qu'à très petite distance.

Pourquoi la gravitation et l'électromagnétisme ont une grande distance d'action, tandis que la force forte et la force faible ont une petite distance d'action ?

> Une seule direction : la distance d'action est grande (comme l'électromagnétisme et la gravitation).
> Plus qu'une direction : la distance d'action est petite (comme la force faible et la force forte).

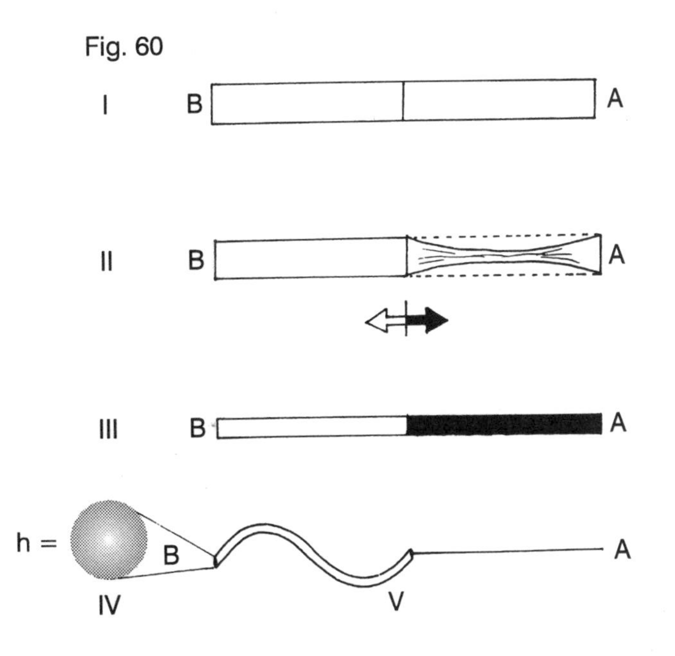

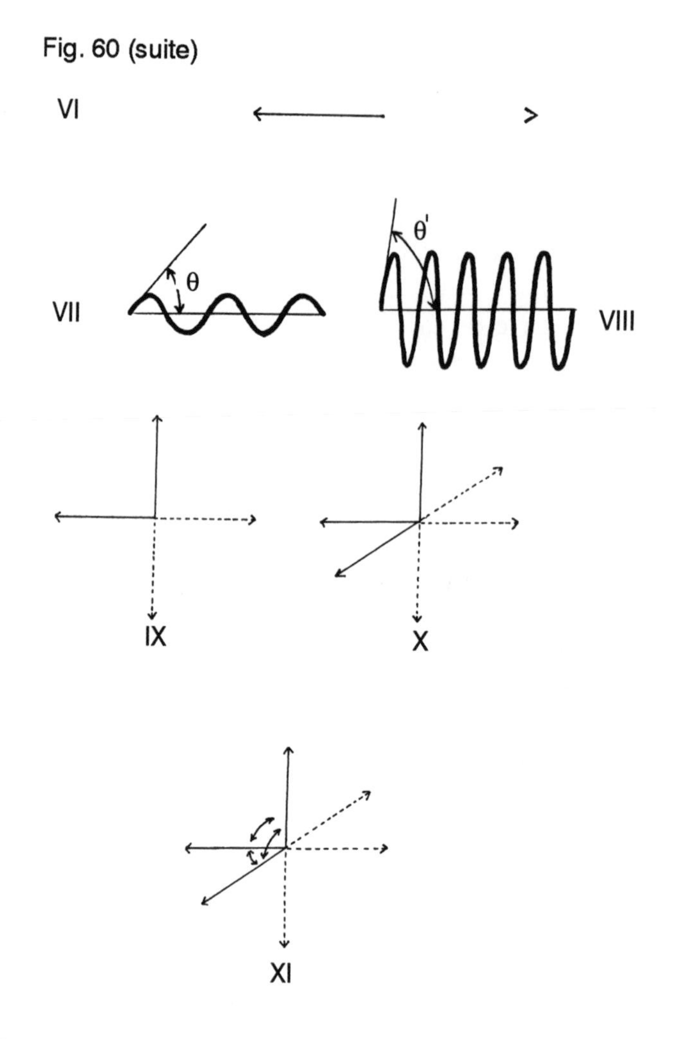

ABSTRACTION

Fig. 60

Admettons que nous prenons un élastique et nous faisons un point de repère au milieu de l'élastique (I). Si nous étirons la partie A, elle deviendra plus longue. Cet excès de longueur, représentant la force électromagnétique, est transféré à la partie B. Nous remarquons un espace ; la gravitation est ainsi créée (II).

II- Imaginons que je suis la partie A de l'élastique ; j'aurais l'impression que la partie B tend à m'éloigner (le photon). Si je suis la partie B de l'élastique ; j'aurais l'impression que la partie A tend à m'attirer (la gravitation).
(III) Les parties A et B ne seront plus comme (I) puisque A a une énergie négative tandis que B possède une énergie positive.
(IV) Le photon possède une quantité qui est le h en trois dimensions par unité de temps.
(V) Si le photon acquiert plus d'énergie, le chemin que le photon parcourt deviendra ondulatoire et unidirectionnel.
Puisque le vide l'empêche de se déplacer d'une manière rectiligne plus vite que c (vitesse de la lumière).
(VI) Elle représente la direction des forces gravitationnelle et électromagnétique.
(VII) Plus le photon possède d'énergie, plus l'angle θ sera grand et plus long sera le parcours du chemin (non vectoriel) par unité de temps.
Nous remarquons que le chemin parcouru (VIII) dans un intervalle de temps donné est plus élevé que le chemin parcouru de (VII). La longueur d'onde de (VIII) est plus courte que celle de (VII). Si l'angle devient 90°, le photon deviendra le boson Z. Il faut acquérir une quantité d'énergie suffisante pour que le photon se transforme en boson Z.
IX- Représentation schématique du boson Z. La troisième flèche est négligeable, donc nous n'avons pas dessiné cette flèche.

Note : Ces flèches sont une représentation graphique des dimensions, elles ne sont pas des vecteurs.

X- Si un photon acquiert assez d'énergie, il se transformera en gluon qui implique la troisième dimension.
XI- Ces trois forces peuvent s'interconvertir. Les trois flèches sont perpendiculaires.

La création d'électron-positron

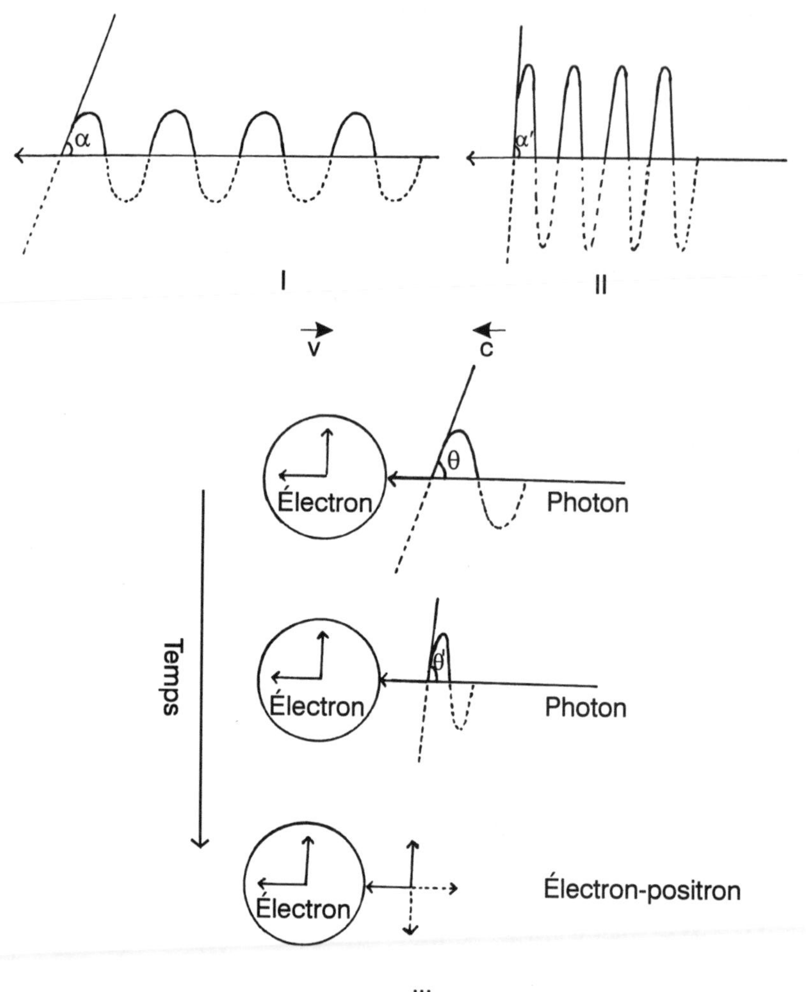

La fig. 60A-I représente un photon (I) peu énergétique. En revanche, le photon (II) est énergétique en comparant avec le photon (I) et ce dernier possède une quantité de vide par unité de temps moindre que le photon (II). Nous observons que l'angle α' est plus élevé que l'angle α.

La fig. 60A-III décrit un électron en mouvement qui possède deux dimensions et qui entre en collision avec un photon. Or, un électron en mouvement a une quantité de vide par unité de temps (la vitesse) à part de ses propres quantités de vide en deux dimensions. Si un photon énergétique entre en collision avec un électron, la quantité de vide du photon sera compressée par l'électron et ce dernier transfère sa quantité de vide par unité de temps (sa vitesse) au photon. L'angle θ sera augmenté. Ainsi, le photon acquiert suffisamment de quantité de vide compressé pour augmenter sa dimension. Ce photon se transforme en électron-positron. (La séparation d'électron-positron représente la brisure de symétrie d'un photon). Si l'angle θ devient 90°, la masse apparaît, car la quantité de vide (la vitesse) de l'électron est transférée au photon.

Note : La quantité de vide (la vitesse) se transformera en masse si cette quantité de vide est compressée et si l'angle du photon est perpendiculaire à sa direction du déplacement.

4.1 La force faible

Les vecteurs sont les bosons intermédiaires (W+, W- et Z). La lumière du Soleil résulte de la désintégration de nombreux noyaux (la radioactivité bêta). Ces réactions nucléaires sont expliquées par l'interaction faible. Elle est la plus universelle des trois forces : elle s'exerce sans discrimination entre tous les membres du quatuor élémentaire : neutrino, électron, proton et neutron.

Quand le photon acquiert assez d'énergie, l'angle tend vers 90°. Si l'énergie est suffisamment élevée, il atteindra 90° et la force faible est ainsi créée qui est perpendiculaire à la direction du photon (augmentation de degré de dimension ⇒ implique deux directions. Si l'énergie est suffisamment élevée, la force faible crée deux particules opposées par une brisure de symétrie (il faut deux pour que la loi de la conservation de symétrie soit respectée) : une désintégration du boson Z. Chaque brisure de symétrie (plus qu'une dimension) donne la charge électrique qui est positive et négative.

Il est important de noter que la force faible crée deux particules opposées, car elle implique une brisure de symétrie (chaque brisure de symétrie engendre une configuration opposée : charge opposée). Par contre, la création de la force faible n'implique pas une brisure de symétrie ; la force faible est le résultat d'une augmentation de degré de dimension.

L'intensité de la force faible est faible, car elle n'agit pas sur la troisième dimension.

EXEMPLE :

Une jeune patineuse fait une pirouette ; elle a le choix de tourner à gauche ou à droite. Si elle tourne à gauche seulement, le système ne sera pas symétrique. Pour que la symétrie soit respectée, il faut que la jeune patineuse se transforme en deux : l'une tourne à gauche et l'autre tourne à droite.

Fig. 61

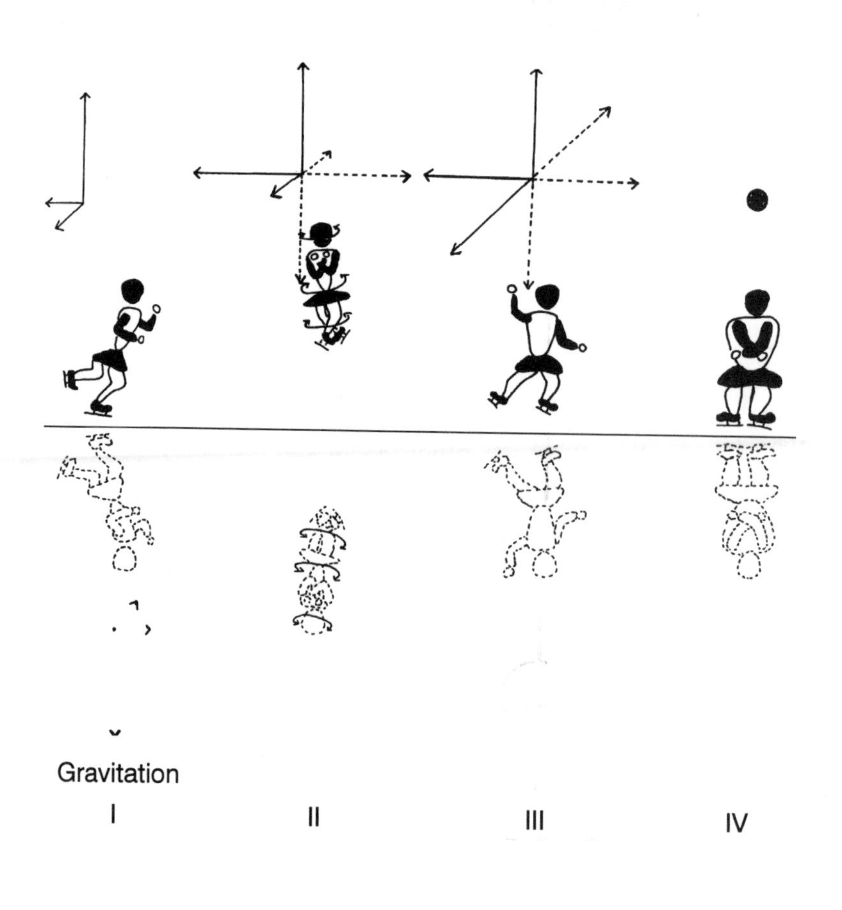

Pour respecter la loi de symétrie, il faut toujours créer un pair opposé. Sinon, il n'y aura pas de brisure de symétrie ; une brisure d'un système donne toujours un chiffre plus grand que 1.

(N.B. : Symétrie n'est pas synonyme d'identique)

Voici un scénario :

La gravitation : le reflet de la glace.

I- Le photon : une jeune patineuse patine dans une direction quelconque pour se réchauffer. Plus les spectateurs applaudissent, plus la jeune patineuse acquiert d'énergie.

II- Le boson intermédiaire : la patineuse se réchauffe suffisamment, elle fait son premier saut (boson Z) : une pirouette (boson W+ et W-) dans l'air.

III- Le gluon : la patineuse danse joyeusement.

IV- La particule : elle finit son spectacle et elle reste immobile et souriante en acceptant les applaudissements. Elle reçoit trop d'énergie : elle devient trop grosse et elle ne peut plus bouger. Finir sa performance.

L'ORIENTATION DONNE LA CARACTÉRISTIQUE D'UNE PARTICULE.

Fig. 62

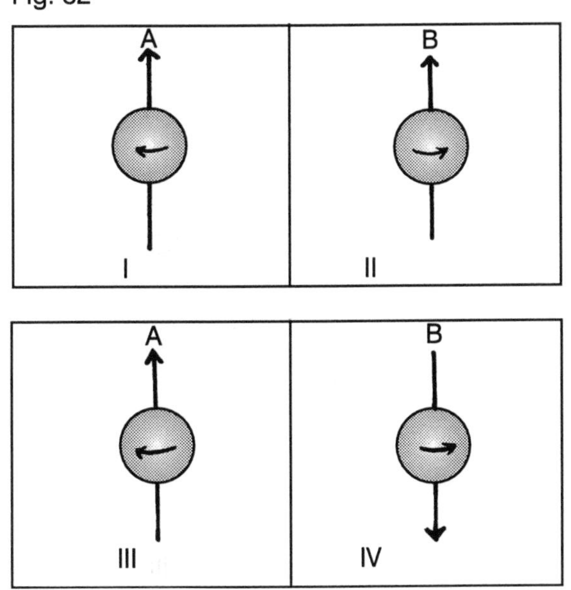

I et II : Si nous enlevons la direction (les flèches), A et B seront identiques. Par contre, si nous donnons une direction, A et B seront des images-miroir.

III et IV : A et B sont identiques ; A est l'inverse de B.

La direction : nous remarquons que la direction a une signification très importante puisqu'elle peut changer la nature même d'une particule.

4.2 La force forte. Ses vecteurs sont les gluons.

À l'intérieur d'un noyau atomique, les protons (charges positives) doivent se repousser et ce, d'autant plus fortement qu'ils sont plus proches. Curieusement, le noyau est stable. Cette cohésion nucléaire de la matière est expliquée par l'interaction forte. Les protons et les neutrons sont sensibles à l'interaction forte, mais pas les électrons ni les neutrinos.

La force forte implique les trois dimensions. Un photon qui possède assez d'énergie mais qui ne peut pas dépasser la vitesse de la lumière dans deux directions perpendiculaires ira dans une troisième direction qui sera encore perpendiculaire aux deux autres. Ainsi, le gluon est créé. La combinaison des trois flèches donne différentes caractéristiques des gluons.

Si l'énergie est suffisamment élevée, le gluon pourra se transformer en particule (le photon ne se déplace plus et il se replie sur lui-même : déplacement condensé). Ces particules ne peuvent plus se déplacer, il faut l'énergie externe pour l'aider à se déplacer car son énergie propre se replie vers l'intérieur.

Nous remarquons que le discontinu supplante le continu en augmentant le degré de dimension.

La caractéristique du gluon : plus les quarks d'un proton s'éloignent les uns des autres, plus l'échange entre les quarks s'intensifie et tend à se ressouder, comme une sorte d'élastique qui se replie vers l'intérieur. Plus nous fournissons d'énergie, plus les gluons se transforment en quarks et plus l'énergie tend à se replier vers l'intérieur. Donc, il est impossible de trouver un quark libre. Pour transformer les quarks en d'autres formes de particules, il faut lui enlever son énergie.

Il n'est pas nécessaire de donner beaucoup d'énergie pour « casser » la matière afin d'observer les particules élémentaires. Nous pouvons enlever l'énergie ou donner une énergie cohérente pour visualiser ces particules.

Plus nous donnons d'énergie, plus le gluon s'agrandit afin de se transformer en quarks par une augmentation successive des dimensions ou par une brisure de symétrie (les flèches s'allongent).

Plus nous donnons d'énergie, plus l'énergie se replie vers l'intérieur et plus la distance d'action est petite.

Nous remarquons que même les trois forces peuvent se transformer en particules et vice-versa.

5. LA MATIÈRE

L'énergie positive condensée donne la matière.

5.1 L'anti-matière

Aux frontières du monde virtuel : au laboratoire, nous pouvons créer des particules virtuelles. Leur existence viole-t-elle un des principes physiques : conservation de l'énergie ? Non, l'énergie condensée peut se transformer en différentes sortes de particules selon les processus ci-dessus. Une particule ou une anti-particule a son droit d'existence, mais malheureusement, les deux ne peuvent pas coexister.

Une anti-particule* ne possède pas une énergie négative. Elle possède la même quantité d'énergie que la particule correspondante. Il est important de ne pas confondre que les particules virtuelles ne surgissent pas du vide comme par génération spontanée, sans que rien n'ait fourni l'énergie nécessaire à la création. Elles sont créées à partir d'énergie fournie.

* Une anti-particule et une particule sont identiques sauf qu'une anti-particule possède une configuration opposée à celle d'une particule. Par exemple, un électron possède

une charge négative. Son anti-particule est un positron qui est identique à un électron sauf que sa charge est positive.

Pour certains, le vide est rempli de couples particule-antiparticule, car nous croyons qu'avec l'énergie suffisante, nous pouvons faire apparaître une particule et une antiparticule. Or, dans cette situation, s'il existe de l'énergie, le vide ne sera plus un vide puisqu'il contient de l'énergie.

5.2 Matérialisation

Une fluctuation locale crée une énergie positive et une énergie négative. Cette fluctuation crée « une différence », cela permet aux particules de « se matérialiser » à partir du vide. Sans cette fluctuation, tout est uniforme et homogène, le temps et la dimension n'existent pas. En d'autres mots, une variation ou une différence permet de se matérialiser. Si l'homogène règne, la matérialisation sera impossible. Cette fluctuation doit être présente dans un intervalle de temps assez long dans le même vide pour se matérialiser : par exemple, l'énergie se replie.

5.3 La configuration géométrique des particules

Toutes les caractéristiques des particules élémentaires sont causées par un phénomène géométrique très particulier. Nous pouvons donner un exemple plus concret : en étudiant les isoméries de chimie organique qui possèdent la même formule moléculaire et qui sont des molécules différentes. Certaines de leurs propriétés physiques et chimiques sont distinctes quoique souvent voisines à cause de la configuration géométrique différente.

La représentation graphique des particules
(N.B. : La réalité est toujours en trois dimensions.)

Les particules des tableaux (I) et (II) s'annihilent mutuellement puisqu'elles sont opposées.

Les tableaux (III) et (IV)

Fig. 63

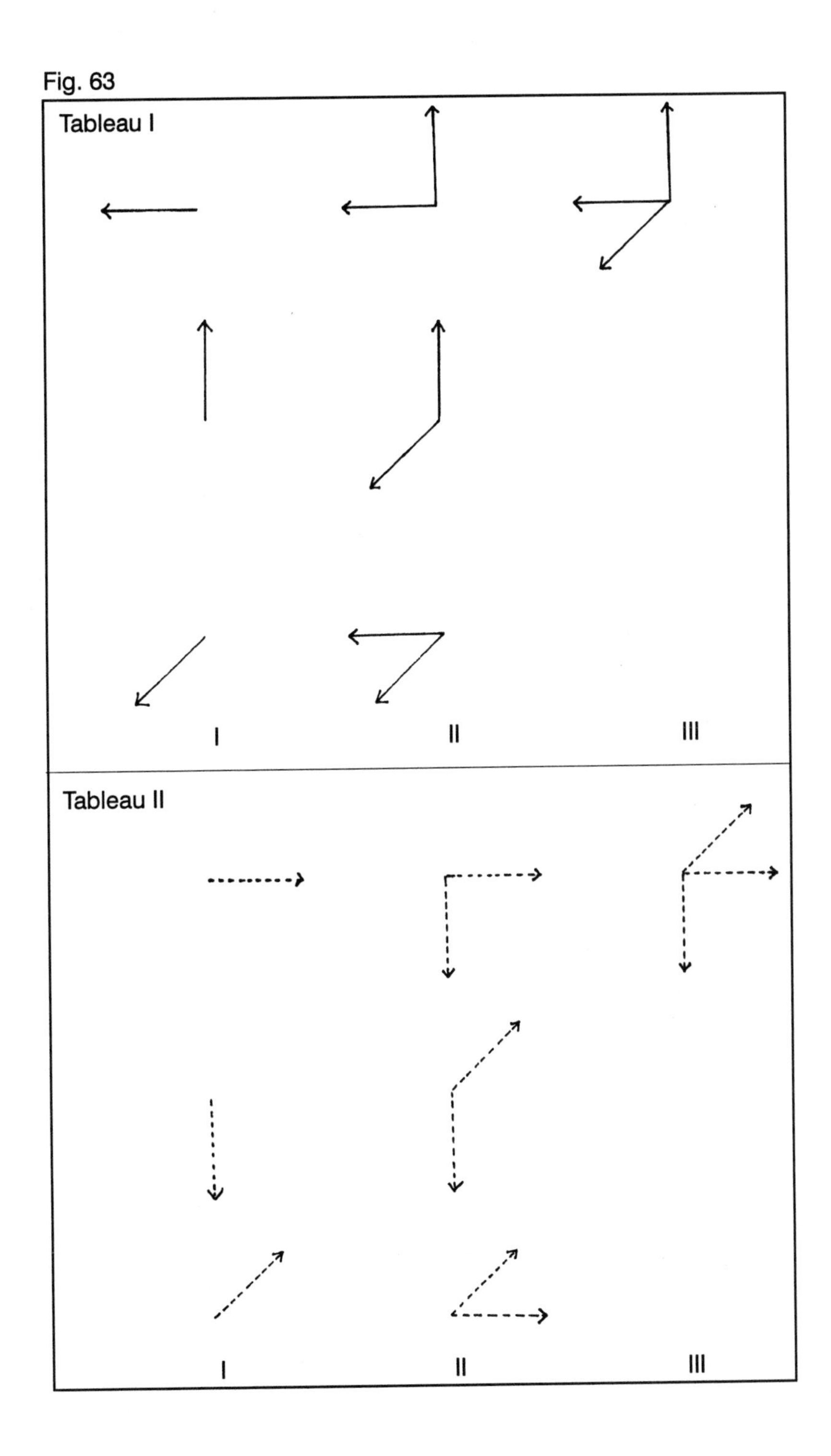

Fig. 63 (suite)

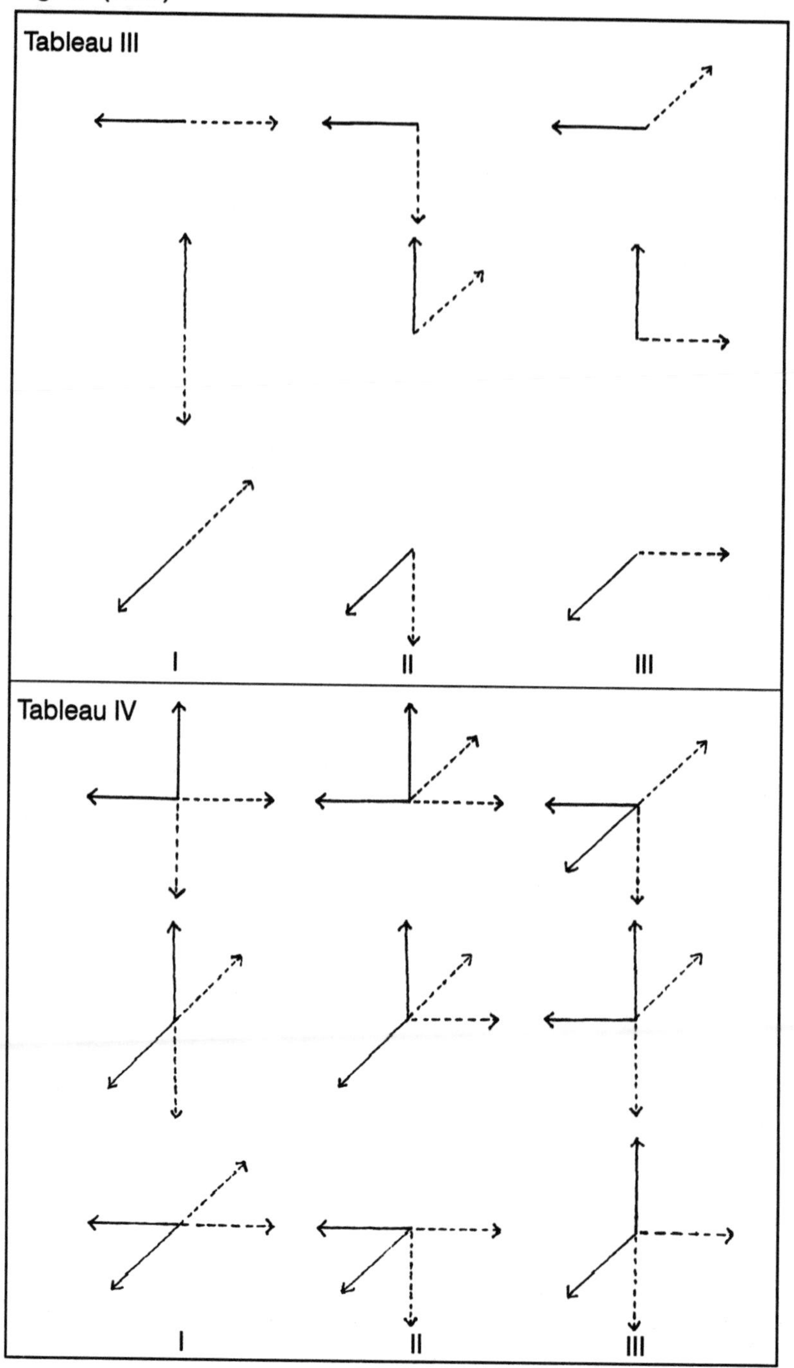

Fig. 63 (suite)

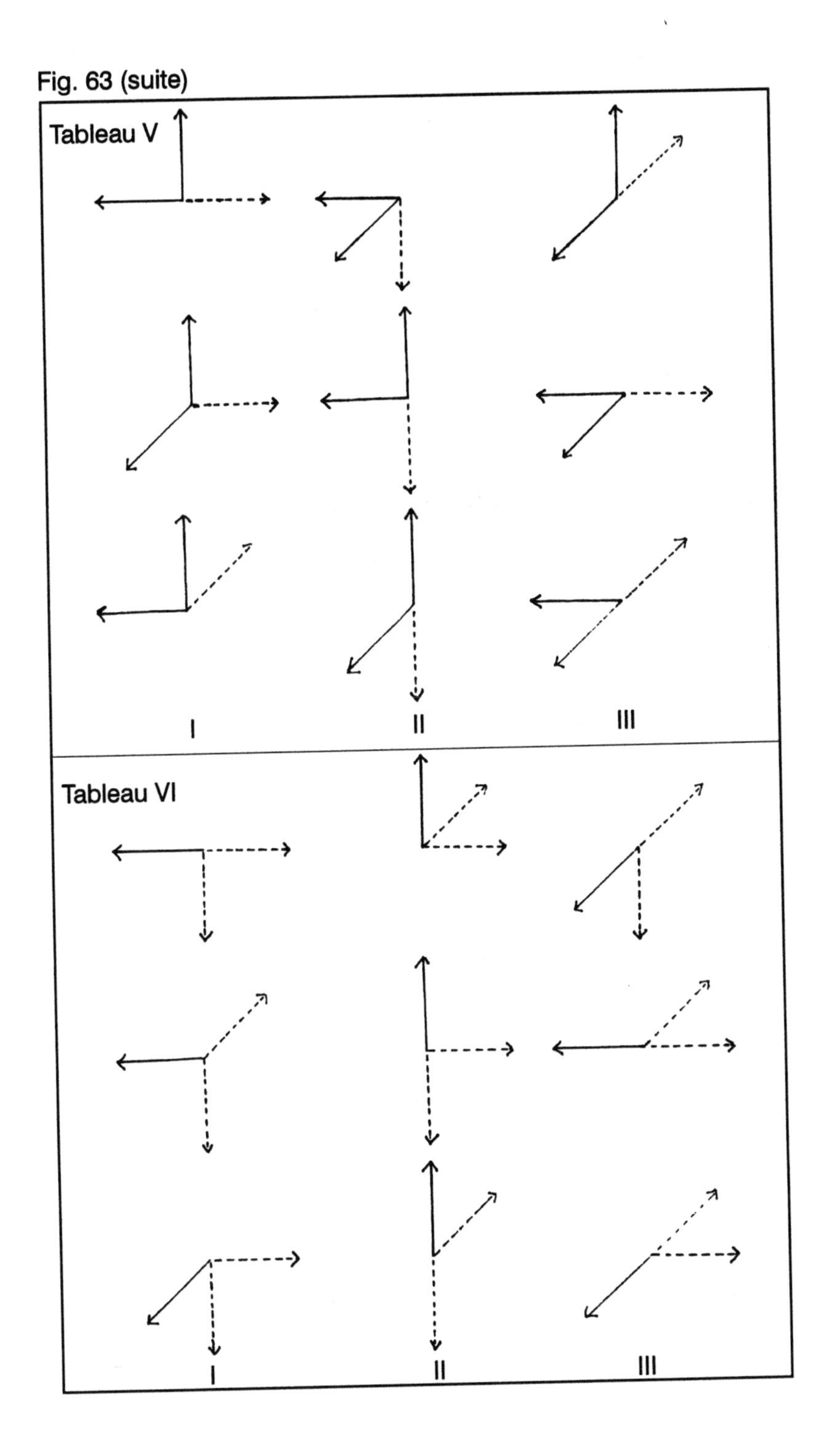

Fig. 63 (suite)

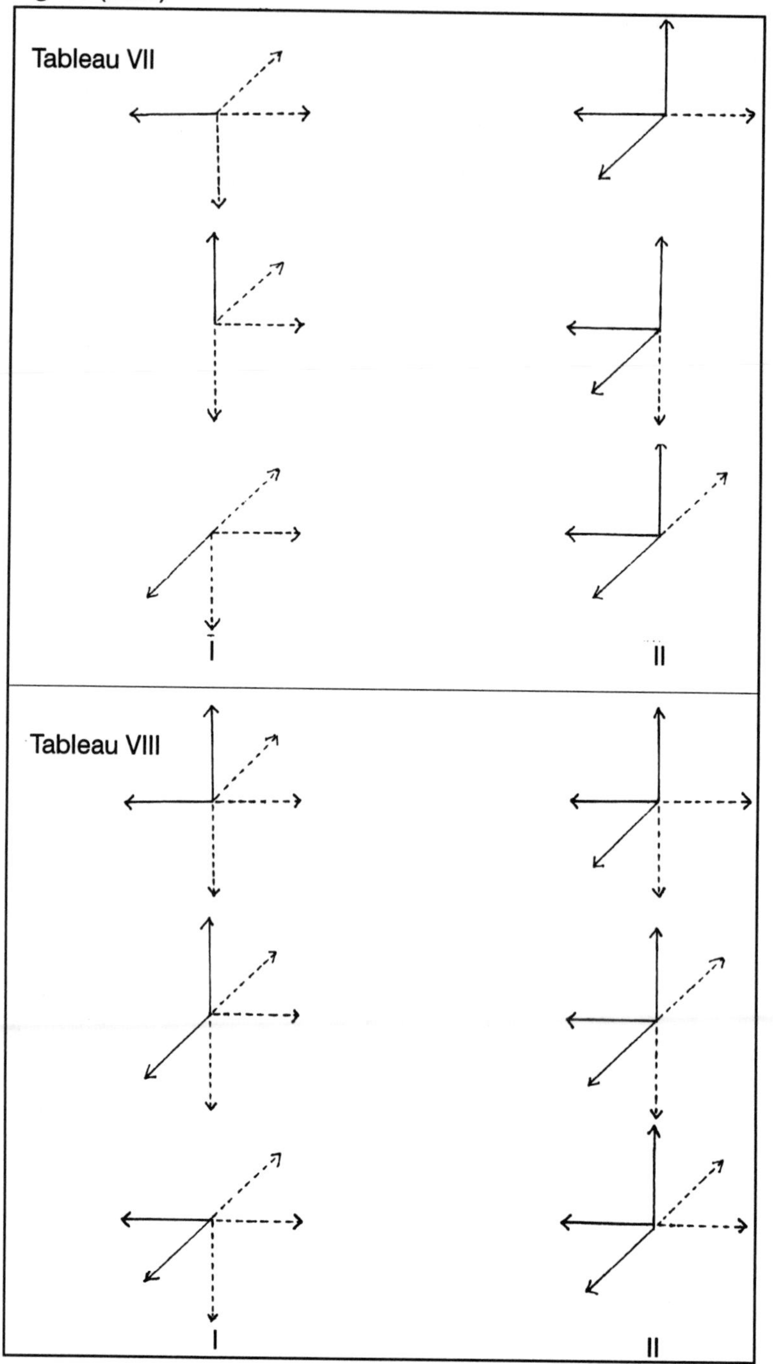

La colonne I s'annihile, tandis que la colonne II et III forment des particules.

Colonne II et III : Elles sont différentes sur le plan de l'orientation dans l'espace.

Le tableau (V) est l'image-miroir du tableau (VI).

Les tableaux (VII) et (VIII) :

Colonne I est l'image-miroir de la colonne II.

L'orientation des flèches affecte les dimensions :

Exemples :

Le tableau (III) Colonne I implique une dimension.
Le tableau (III) Colonne II implique deux dimensions.
Le tableau (IV) Colonne II implique trois dimensions.

5.4 Les particules élémentaires

Il existe six quarks et six leptons au total (12 « briques »).

La matière est composée de proton, de neutron et d'électron.
Proton = quark up (+⅔) + quark up (+⅔) + quark down (-⅓)
Ce qui donne une charge + 1.
Neutron = quark up (+⅔) + quark down (-⅓) + quark down (-⅓)
Ce qui donne une charge 0.

Les quarks sont des constituants de protons et de neutrons. Le proton est fabriqué à l'aide de trois quarks, deux up et un down ; le neutron étant fait d'un up et de deux down. Les quarks ont trois caractéristiques particulières : liberté asymptotique (liens faibles dans le proton), confinement (impossibilité à être isolés) et ils ont des charges non entières.

Pourquoi ces caractéristiques existent-elles au niveau des quarks seulement ? L'électromagnétisme se représente en une seule dimension comme un élastique qui est sous forme d'une corde. Plus son intensité est forte, plus l'élastique est épais. Quant au gluon, il se représente comme un élastique qui est sous forme d'une configuration qui occupe les trois dimensions ; une sorte d'élastique sphérique et épais. Nous pouvons imaginer et comparer les propriétés physiques de ces deux sortes d'élastique.

Les leptons : trois sont électriquement chargés (électron, muon et tau) et trois électriquement neutres (les neutrinos). Les leptons sont des particules qui n'interagissent pas avec la force forte, mais avec la force faible. Les particules électriquement chargées interagissent aussi avec la force d'électromagnétisme.

Pourquoi les protons et les neutrons sont constitués de trois quarks ? Qu'est-ce qui retient les quarks ensemble à l'intérieur d'un proton ou d'un neutron ? Premièrement, les quarks impliquent les trois dimensions ; deuxièmement, il faut un quark pour chaque dimension et le gluon pour retenir les trois quarks ensemble.

Nous remarquons que la formation de la matière n'est pas faite d'une façon continue, mais d'un processus discontinu par une augmentation de degré de dimension ou par une brisure de symétrie. Par conséquent, des particules avec une quantité d'énergie définie sont observées.

Chapitre 4

Caractéristiques intrinsèques des particules (des systèmes)

1. LES CARACTÉRISTIQUES

1.1 Le niveau d'énergie des particules

Le graphique de la fig. 64 représente le niveau d'énergie :
A < B < 2A < 3A < C < 2B < 3B < D < 2C < 3C ......

Première dimension :
- A : neutrino e
- B : neutrino muon
- C : neutrino tau

Deuxième dimension :
- 2A : électron
- 2B : muon
- 2C : tau

Troisième dimension :
- 3A : quark haut et bas
- 3B : quark charme et étrange
- 3C : quark beauté et top

* Une augmentation de trois degrés de dimension donne une grandeur plus élevée.

Les lettres représentent les dimensions (l'orientation) et les chiffres représentent les degrés de dimensions.

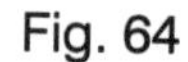
Fig. 64

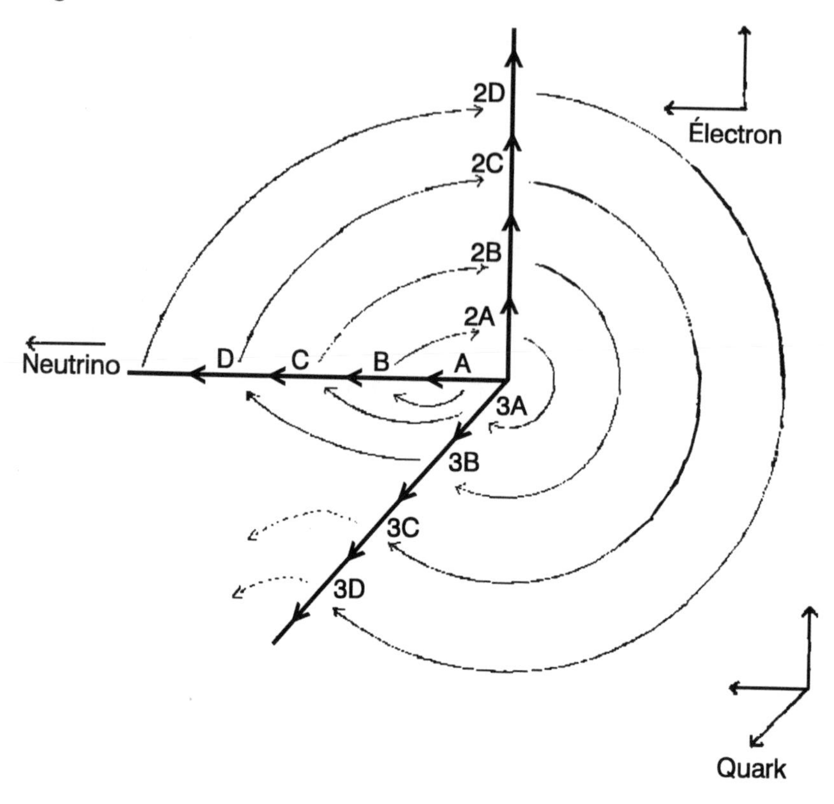

Pourquoi un nombre aussi grand de « briques » et de « colle » ?

Chaque flèche ou chaque combinaison de ces flèches représente une « brique » et chaque dimension représente une « colle ».

B a plus d'énergie que A et 2A a plus d'énergie que B, etc.

Chaque flèche a une quantité d'énergie et une orientation bien déterminée, la combinaison de cette quantité d'énergie et de cette orientation (de ces flèches) représente différentes particules.

Le quark haut a une charge électrique qui vaut +⅔ de la charge du proton, tandis que le quark bas possède une charge électrique -⅓ par rapport à cette charge unité.

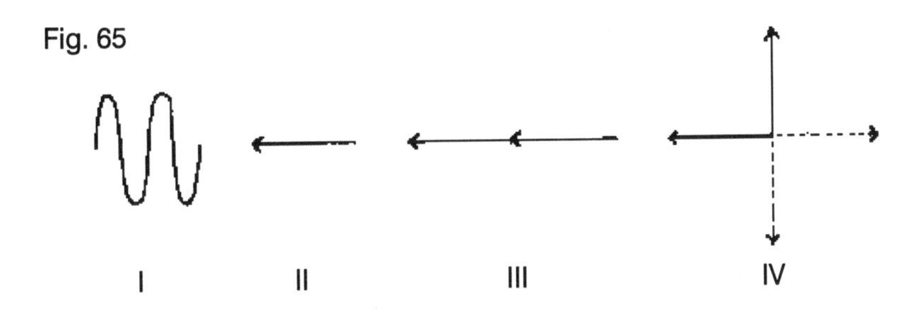

(Fig. 65) Si l'énergie condensée reste dans une dimension, le photon (I) se transforme en neutrino e- (II). Cette dimension alloue une quantité d'énergie bien définie. Si nous fournissons davantage d'énergie, le photon peut se transformer en neutrino muon (III) ou en boson Z (IV). Or, le neutrino muon est instable car tout système tend vers la symétrie.

Nous nous posons peut-être la question suivante : pourquoi le photon se transforme en boson Z à un tel niveau d'énergie bien déterminé ? Pourquoi une particule a une masse bien déterminée ? Comme nous l'avons déjà mentionné, si la trajectoire du photon par rapport à la direction du déplacement est à 90 degrés (pour atteindre 90°, il faut acquérir une quantité d'énergie bien déterminée), deux directions sont ainsi créées, le photon ne peut pas prendre les deux directions en même temps. Par conséquent, son déplacement se replie et le photon ne se déplace plus.

S'il n'existe pas une limite à la grosseur des particules, il n'existera plus de loi de physique. Il est difficile de concevoir une cellule à la grosseur d'un être humain (sur Terre), car la loi de physique ne le permet pas. Par exemple, la membrane de la cellule ne peut pas supporter une quantité infinie de liquide ; la grosseur limite dépend (de son milieu) de la gravitation, de la pression d'air, etc. À une certaine grosseur, la membrane cellulaire éclatera.

1.2 Le spin

Le spin est une caractéristique intrinsèque des particules : une rotation sur elles-mêmes ; il possède une grandeur quantifiée et sa valeur ne peut être que demi-entière (½, 3⁄2, 5⁄2, etc.) ou entière (0, 1, 2, 3, etc.). L'électron, le proton et le neutron possèdent un spin 1/2. Le photon possède un spin 1.

Il est intéressant de noter qu'une particule de spin demi-entière n'admet pas qu'une autre soit présente au même endroit, au même moment avec exactement les mêmes caractéristiques qu'elle. Ceci s'explique par le fait qu'une brisure de symétrie engendre deux particules identiques et opposées (antiparticules) : si deux particules sont identiques, elles se repoussent ; si deux particules sont identiques et opposées, elles se désintègrent, car tout système tend vers la symétrie.

> *Bosons.* Ils possèdent un spin entier et ils paraissent comme les particules échangées (photons, gluons et boson Z) lors des processus d'interactions fondamentales. Un spin entier est créé à la suite d'une augmentation de degré de dimension.
> *Fermion.* Spin demi-entier. Un spin demi-entier est créé à la suite d'une brisure de symétrie.
> Exemple : un électron.

1.3 La charge

La charge électrique est créée suite à une brisure de symétrie. Elle possède une affinité définie ou indéfinie, par contre, elle possède toujours une configuration opposée. Sa présence est due à la configuration géométrique. En fait, deux charges identiques ne se repoussent pas et deux charges opposées ne s'attirent pas. L'attraction ou la répulsion s'explique par le fait que tout système tend vers la symétrie. Nous n'observerons pas une attraction entre un électron et un positron, car la symétrie électron-positron est l'annihilation.

1.4 La masse

Qu'est-ce qui donne une masse à une particule ?

La masse est déterminée par la longueur des flèches qui sont perpendiculaires (en présence permanente) à la direction de la force électromagnétique (ou gravitationnelle), c'est-à-dire une augmentation de dimension ou une augmentation de degré de dimension.

Pour augmenter la masse d'un système, il faut augmenter le degré de dimension ou la dimension.

Fig. 66

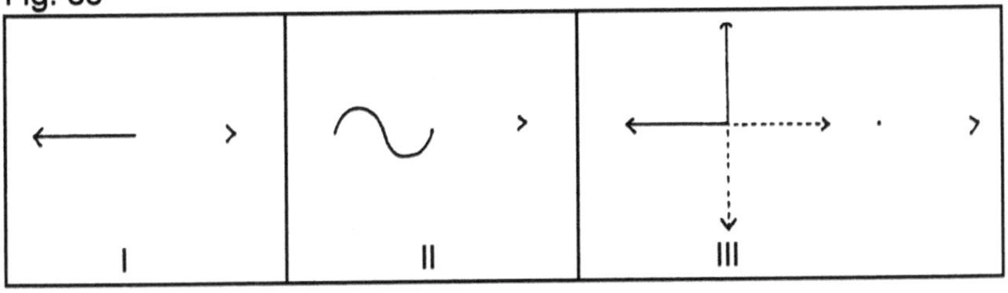

(I) Représente une ligne (une dimension) qui a une direction opposée à la direction de la force gravitationnelle. Elle n'est pas perpendiculaire à la direction de la force électromagnétique (ou gravitationnelle), donc il n'y a pas de masse. Le système est symétrique.

(II) Représente une ligne (une dimension) ondulatoire qui a une direction opposée à la direction de la force gravitationnelle. Chaque point de la ligne peut être perpendiculaire à la direction de la force électromagnétique (ou gravitationnelle) dans un intervalle de temps donné. Elle n'est pas présente d'une façon permanente. Dans ce cas, la masse est présente dans un intervalle de temps très court.

(III) Représente deux lignes (deux dimensions) qui sont perpendiculaires l'une de l'autre. Une des deux lignes est perpendiculaire à la direction de la force électromagnétique (ou gravitationnelle). Donc, il y a une masse.

Voilà pourquoi le boson intermédiaire possède une masse importante.

Pourquoi un électron est-il plus léger qu'un quark ? Un électron possède un certain degré de dimension inférieure à un quark.

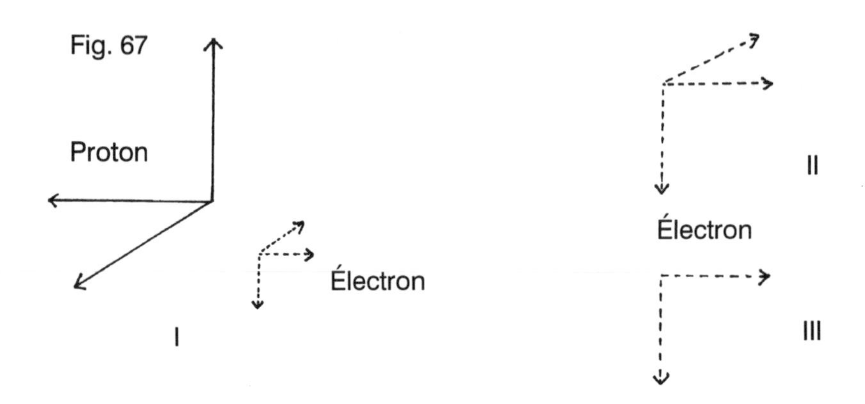

(Fig. 67) Nous pouvons constater que la différence entre le proton et l'électron est au niveau de la grandeur (I).

Nous représentons l'électron de deux façons :

(II) Représentation de la configuration géométrique d'un électron (charge électrique).

(III) Représentation de la dimension d'un électron.

L'électron possède-t-il seulement deux dimensions ?

Expliquons-nous (fig. 68).

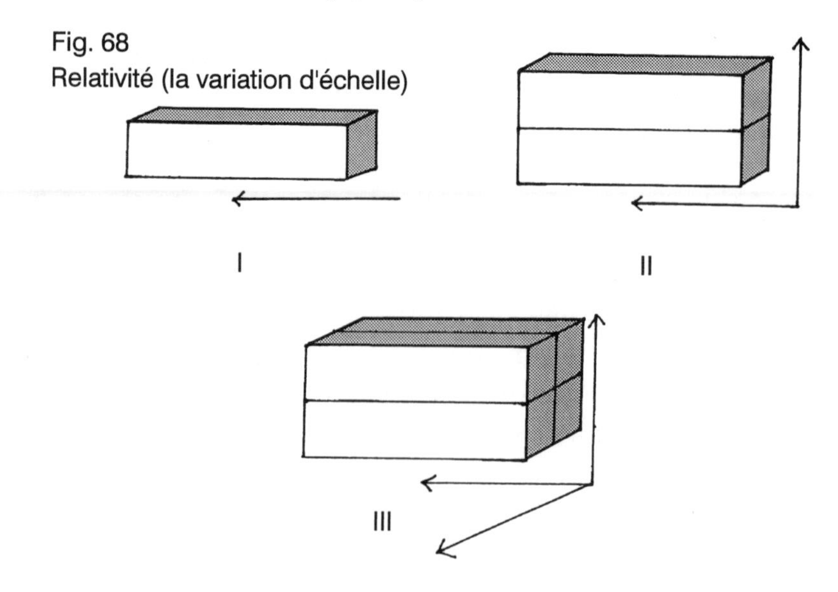

Le système (I) est en trois dimensions et il possède une dimension par rapport au système (III).

Le système (II) est en trois dimensions et il possède deux dimensions par rapport au système (III).

Le système III est en trois dimensions et il possède trois dimensions par rapport au système (I) et (II).

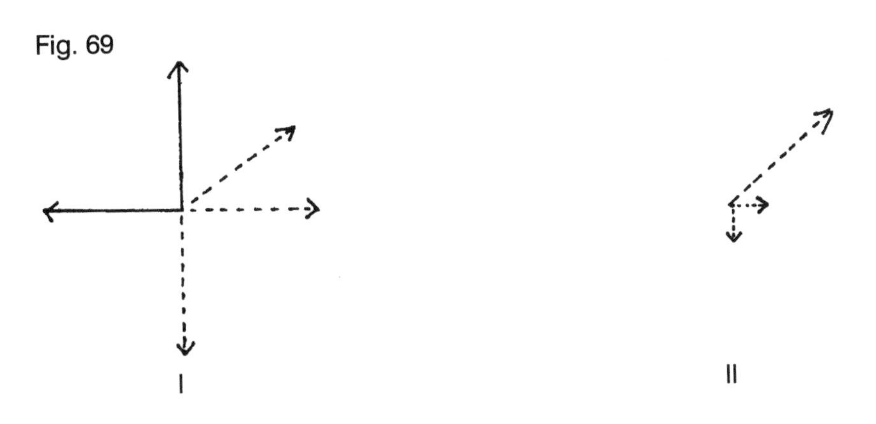

(Fig. 69) Le système I et II ont une charge électrique (-⅓).

Pourtant, les configurations sont différentes :

(I) Représentation en trois dimensions.

(II) Représentation de la charge électrique.

1.5 L'augmentation de degré de dimension ou de dimension versus la brisure de symétrie

Une augmentation de degré de dimension donne un spin entier. Par contre, une brisure de symétrie engendre un spin demi-entier et cette brisure engendre deux charges électriques (positive et négative).

L'électromagnétisme : il n'y a pas de brisure de symétrie dans une dimension, donc il n'y aura pas de charge électrique. Nous savons que la force électrique et la force magnétique constituent la force électromagnétique. Ces deux forces sont perpendiculaires l'une de l'autre. Elles possèdent des charges électriques, car la création de ces forces est due à une brisure de symétrie. Or, nous avons mentionné qu'il n'y a pas de brisure de symétrie dans une dimension ? En grossissant (la variation d'échelle) un système en une dimension, il apparaît comme un système en trois dimensions.

Fig. 70

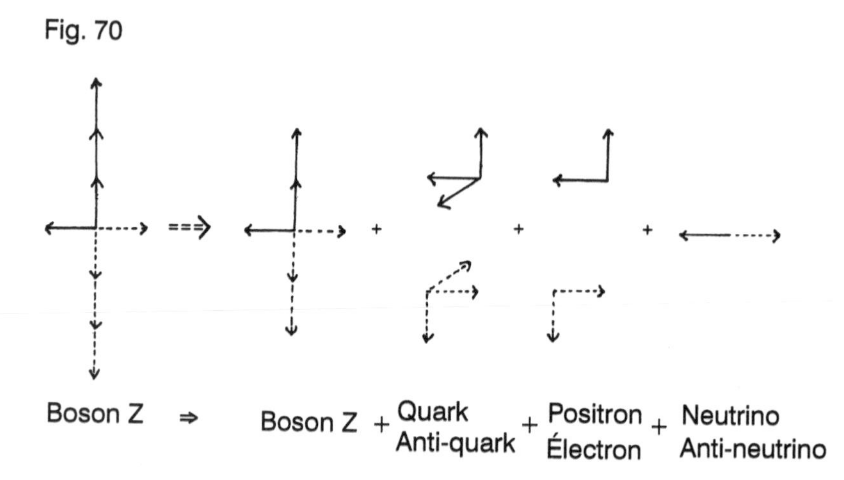

(Fig. 70) Le boson Z occupe la deuxième dimension. Chaque désintégration du boson Z peut donner un quark, un anti-quark, un électron, un positron, un neutrino, etc. Il donne toujours des particules de niveau d'énergie inférieure. En trois dimensions : trois brisures de symétrie donnent une grandeur plus petite.

Fig. 71

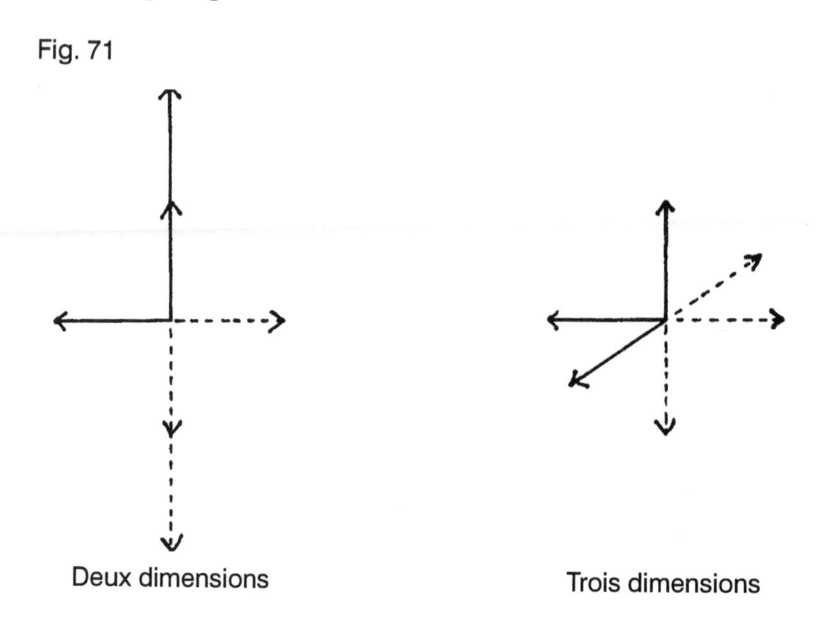

(Fig. 71) Un boson Z peut continuer à augmenter le degré de dimension dans la deuxième dimension et ensuite, il cède un degré de dimension de la deuxième dimension à la troisième dimension.

Un boson Z peut se désintégrer en un boson Z qui possède une énergie inférieure et en différentes sortes de particules de dimensions différentes et inférieures.

Fig. 72

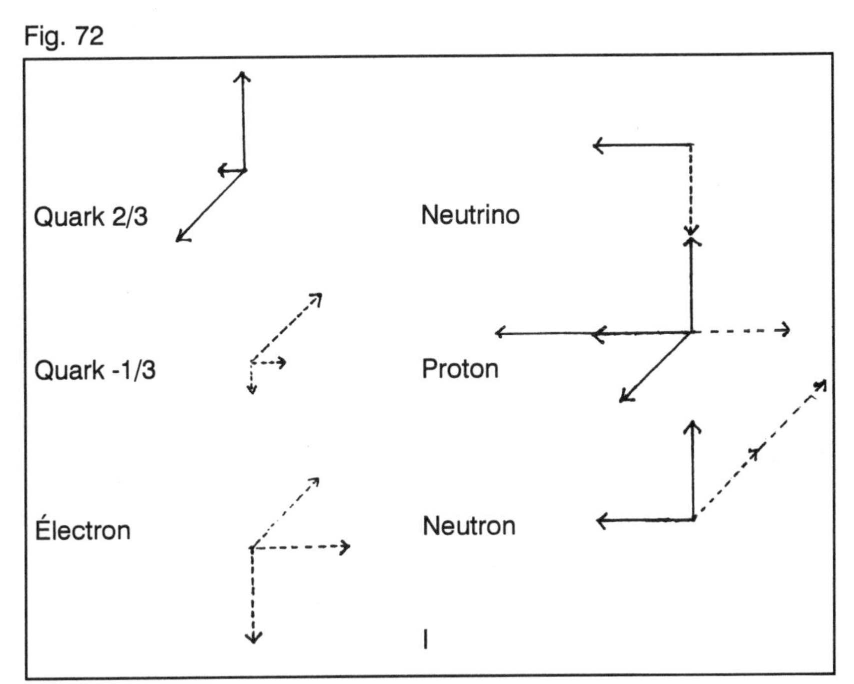

La représentation graphique des particules.

(I) Représentation graphique des particules.
(II) Représentation graphique des charges électriques.
(III) L'interaction faible.
(IV) L'interaction forte.

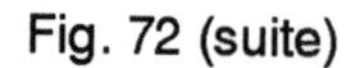
Fig. 72 (suite)

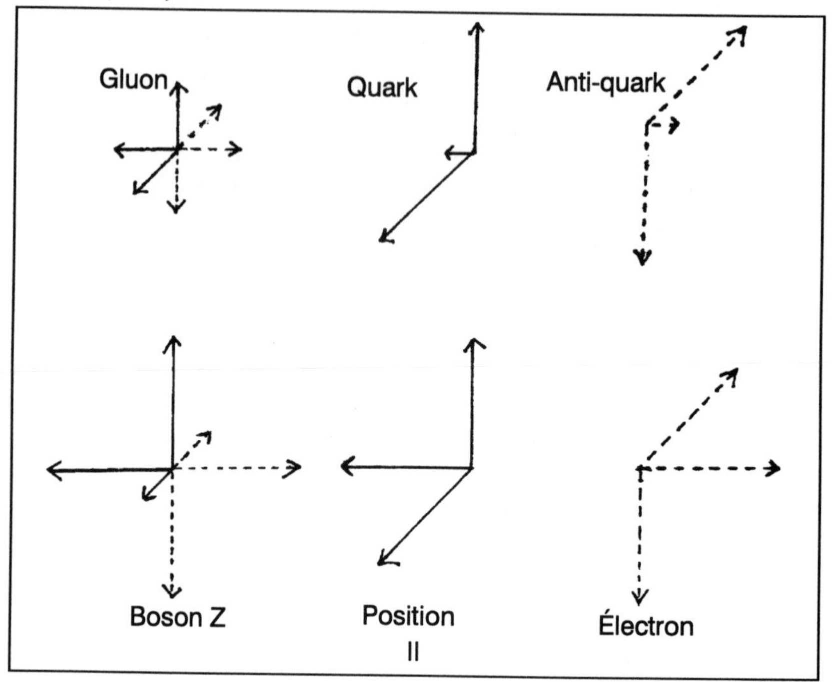

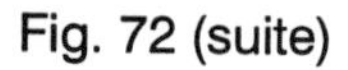
Fig. 72 (suite)

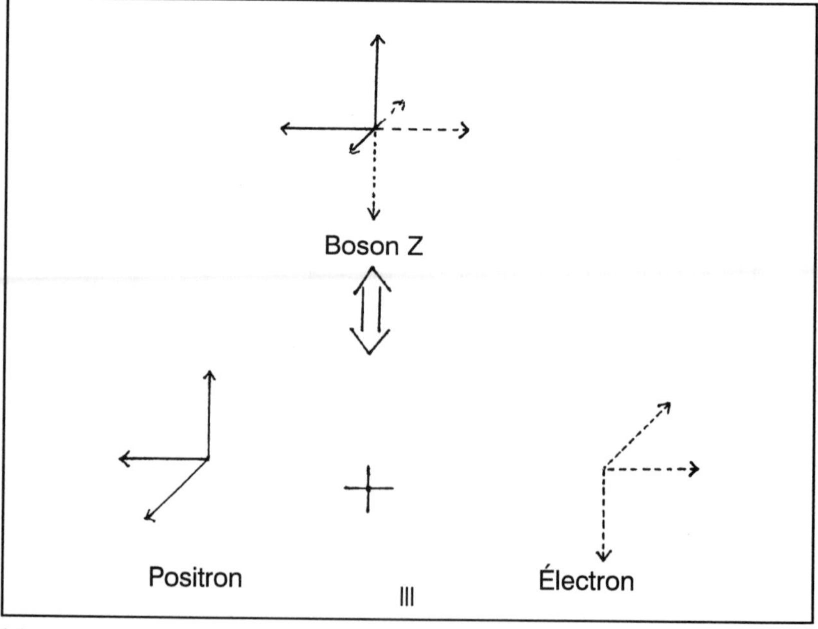

L'interaction faible

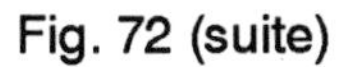

Fig. 72 (suite)

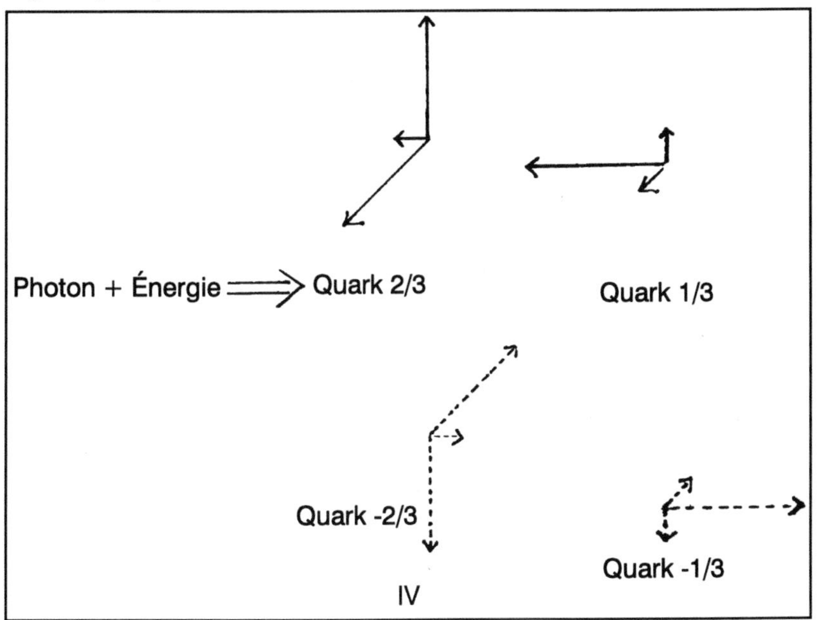

L'interaction forte

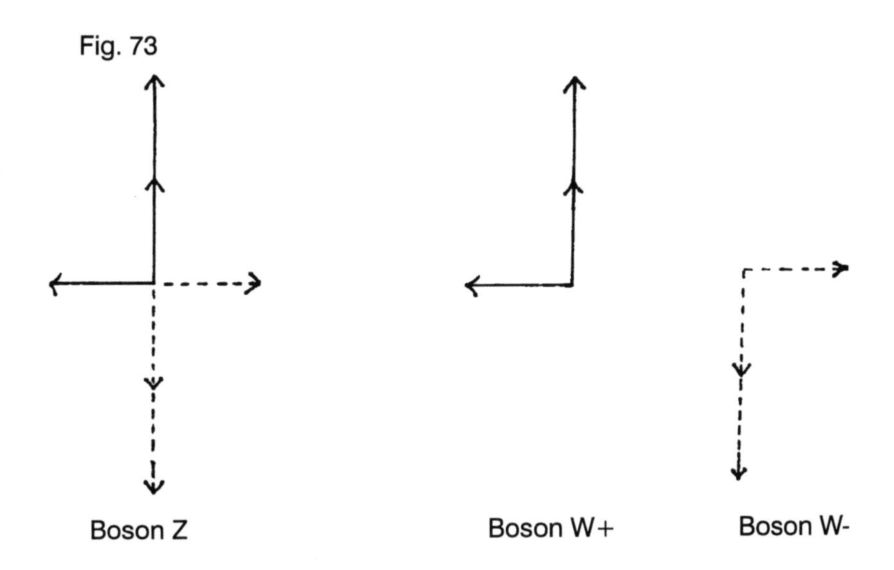

(Fig. 73) Un boson Z (spin entier) se désintègre en deux bosons W+ et W- (spin demi-entier : chaque boson W prend la moitié de son spin) par brisure de symétrie.

Fig. 74

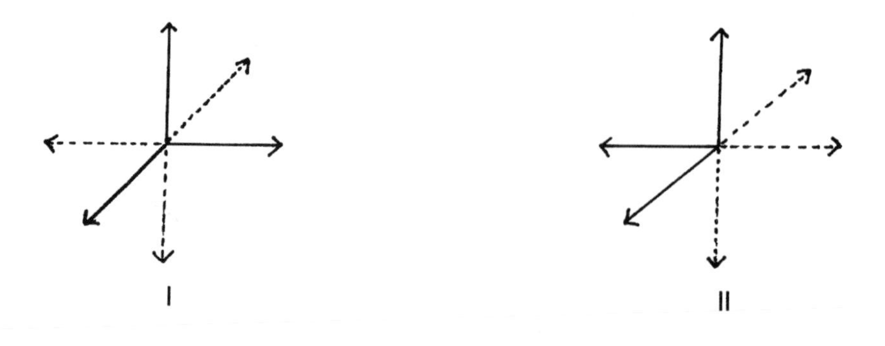

(Fig. 74) Si une brisure de symétrie engendre une image-miroir, il existera la gauche et la droite dans la nature. Selon la configuration de cette brisure, nous devrons représenter un graphique comme (II) et non comme (I).

Fig. 75

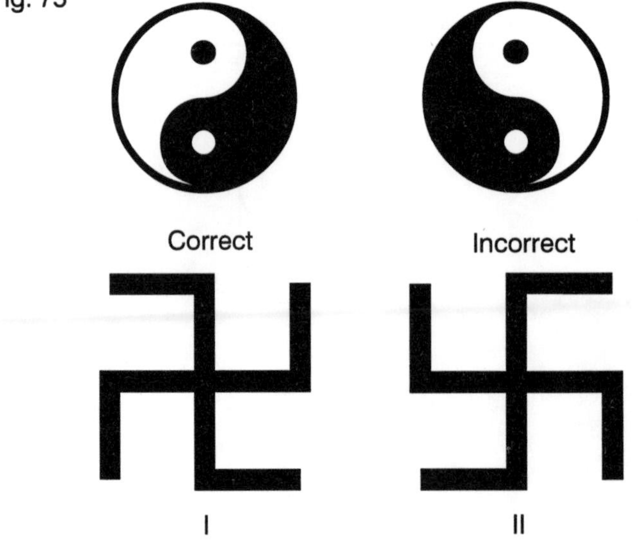

(Fig. 75) (I) et (II) sont images-miroir. (I) représente une rotation dans le sens horaire, tandis que (II) représente une rotation dans le sens anti-horaire.

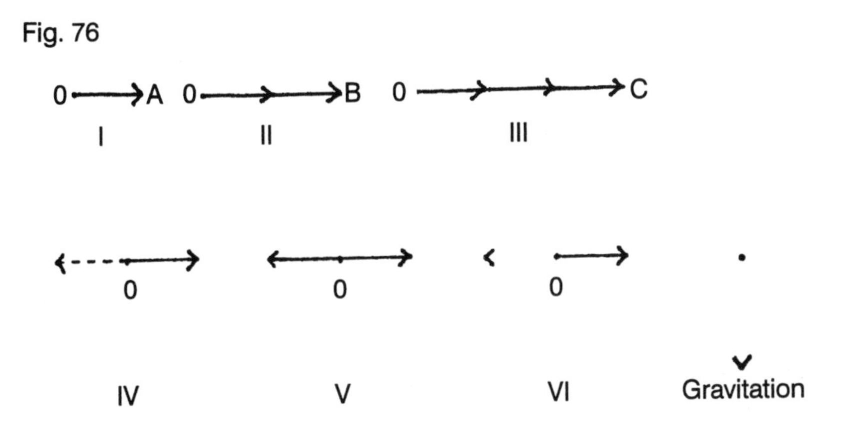

(Fig. 76) Soit le point O le centre du système (la gravitation est présente) : plus la longueur de la flèche est longue, plus le système est instable et plus le système est asymétrique. OC est moins stable que OB et ce dernier est moins stable que OA. Fig. IV, V et VI sont symétriques au point de vue de l'orientation. (IV) est parfaitement symétrique ; elle s'annihile.

Chapitre 5

Les facteurs extrinsèques

1. LES FACTEURS

1.1 Les trois règles qui gouvernent un système

Trois règles qui gouvernent un système :

1) Tout système tend vers l'équilibre.
2) Tout système tend vers l'énergie minimum.
3) Tout système tend vers la symétrie.

Ces énoncés sont aussi valables pour un système intrinsèque qu'extrinsèque (un système par rapport à son milieu).

Tout système tend à retourner à son état original, c'est-à-dire retourner à la symétrie et à l'énergie minimum. Par exemple (fig. 64), le boson Z ayant acquis une énergie 2C, tend à se désintégrer en C, en 3B, en 2B, etc. En d'autres mots, toute particule de catégories B et C sont instables et elles ont tendance à se désintégrer pour donner des particules de catégorie A.

COMPARAISON (fig. 77)
(La gravitation est présente.)
I Le système est en équilibre et non symétrique.
II Le système est en équilibre et symétrique.
III Le système est en équilibre, symétrique et il possède une énergie minimum en comparant avec les systèmes I et II, car ces derniers perdront leur équilibre facilement.

Fig. 77

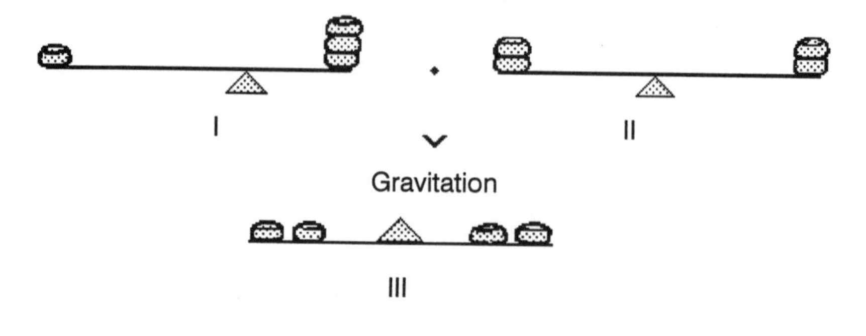

Donc, un système en équilibre n'est pas nécessairement symétrique.

1.2 L'application de ces trois règles

Tout système tend à retourner à son état original, c'est-à-dire retourner à la symétrie : énergie minimum.

Symétrie : l'énergie résultante est égale à 0. Cela veut dire que le système possède une quantité d'énergie qui est différente de 0 et il a tendance à approcher la quantité d'énergie bien déterminée.

TOUT SYSTÈME TEND VERS L'ÉQUILIBRE

Fig. 78

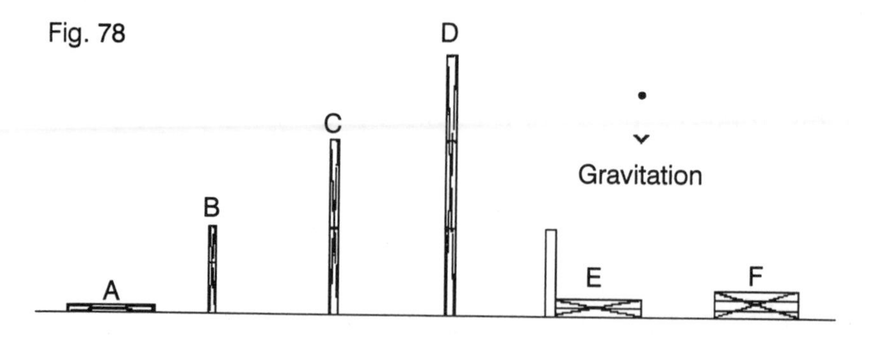

> Si nous plaçons chaque bâton debout, sa position est moins stable que si chaque bâton est à la position horizontale.
> (La gravitation est présente.)
> De A à D : le système devient de moins en moins stable.
> D a plus d'énergie que A.
> D a tendance à retourner à la position A.
> De E à F : le système E est moins stable que F.
> E a plus d'énergie que F.

Pour expliquer la stabilité des systèmes de la fig. 78, nous savons que plus le centre du système « bâton(s) » est proche du centre du système « Terre », plus grande sera sa stabilité. Or, tout système tend vers la symétrie parfaite, il n'existe qu'un centre de symétrie. Les deux systèmes tendent à établir une symétrie parfaite.

Si nous vérifions le degré de symétrie intrinsèque des systèmes de la fig. 78, nous remarquons que tous les systèmes sont symétriques en une seule dimension, sauf E, ce dernier n'étant pas symétrique.

Fig. 78A

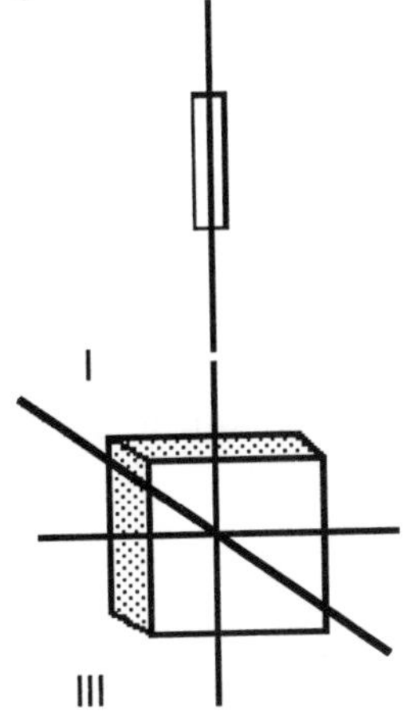

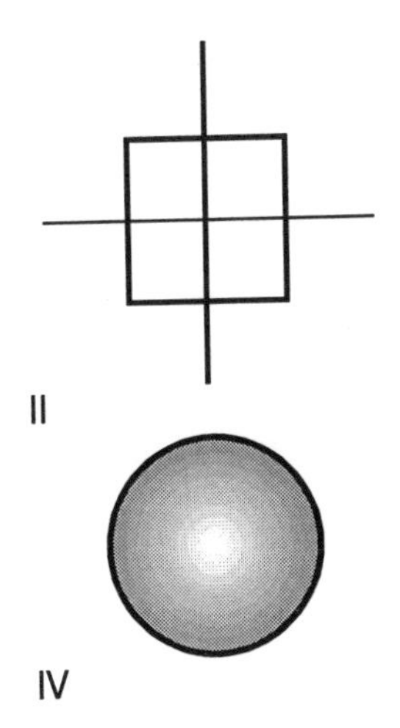

Note : L'intersection des deux lignes représente le centre du système « bâton ».

La fig. 78A-I est symétrique en une seule dimension.
La fig. 78A-II est symétrique en deux dimensions.
La fig. 78A-III est symétrique en trois dimensions.
La fig. 78A-IV est parfaitement symétrique.

Maintenant, nous vérifions le degré de symétrique extrinsèque (c'est-à-dire les systèmes « bâton » par rapport à leur milieu qui est le système « Terre »).

Fig. 78-B

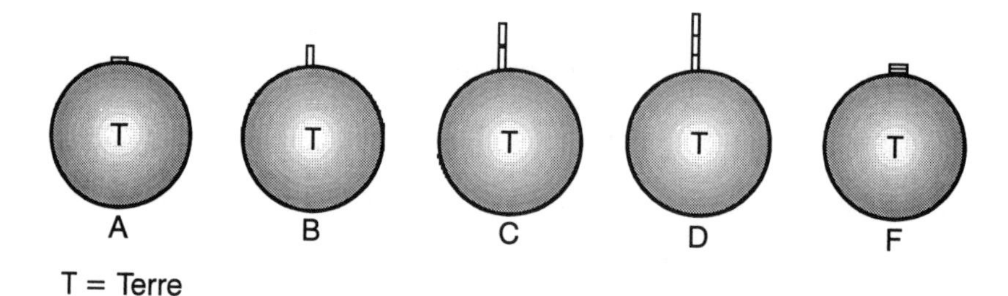

T = Terre

La fig. 78-B Nous représentons la fig. 78 en incluant le système « Terre ». (Nous exagérons un peu la grandeur pour faciliter la compréhension et nous enlevons le système de la fig. 78-E, car il n'est pas symétrique). Aucun système n'est extrinsèquement symétrique. Nous savons que tout système tend vers la symétrie parfaite qui est le centre et qui est sous forme d'une sphère. Nous constatons que le système (A) est proche de la symétrie parfaite et le système (D) est plus asymétrique.

Donc, même le système (D) est symétrique en une seule dimension, il est instable.

TOUT SYSTÈME TEND VERS LA SYMÉTRIE

EXEMPLE I

Au niveau atomique, pourquoi les électrons sont en périphérie tandis que les protons et les neutrons sont au centre ?

Soit deux particules, proton et électron, qui sont complémentaires l'une de l'autre et la dimension de ces deux particules est différente ; pour que la symétrie soit respectée, l'électron doit posséder une quantité de vide par unité de temps beaucoup plus grande que le proton pour compenser la différence de dimension.

EXEMPLE II

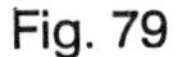
Fig. 79

(I) Soit une particule qui possède une direction avec un spin demi-entier. Si une deuxième particule identique (II) est présente au même endroit, le niveau d'asymétrie devient deux fois plus grand, donc instable. Par contre, si la deuxième particule identique est orientée de façon opposée comme (III), le niveau de symétrie devient parfait et est égale à 0, donc stable.

Nous pouvons observer ce phénomène dans notre vie courante : si deux courants éléctriques sont placés parallèlement, une force répulsive est observée et elle est due à une asymétrie.

EXEMPLE III

Fig. 80

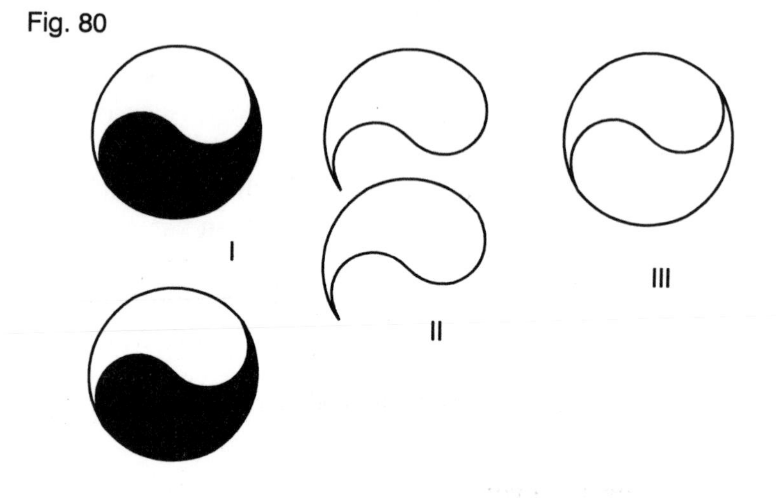

Soit deux bosons (I) qui se désintégrent par brisure de symétrie. Si les parties positives (blanches) s'orientent de la même façon (II), le système est instable, car le système n'est pas symétrique. Si les parties positives s'orientent de façon opposée comme la (III), le système est stable puisqu'il est symétrique.

EXEMPLE IV

Fig. 81

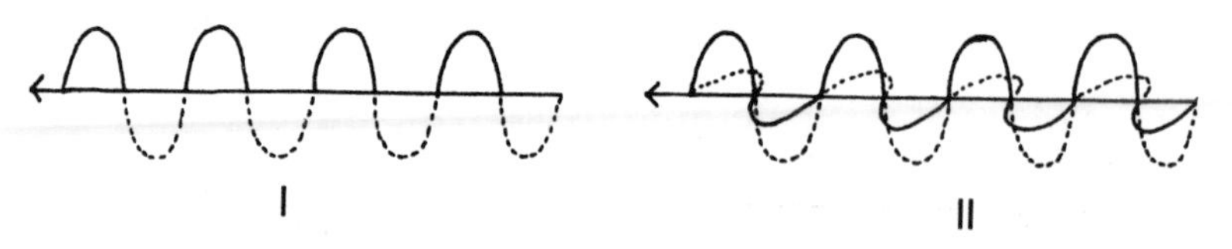

(Fig. 81) Nous savons que la lumière se déplace comme une onde. Or, une onde est symétrique, car tout système tend vers la symétrie. Nous pouvons la représenter comme (I).

(II) Nous savons que la lumière peut être considérée comme une onde formée d'un vecteur magnétique et d'un vecteur électrique vibrant à 90° l'un de l'autre. La flèche représente la direction du faisceau lumineux. Nous pouvons conclure que la lumière est symétrique dans les trois dimensions.

EXEMPLE V

Revenons à notre exemple d'un électron qui gravite autour du noyau. Nous nous posons peut-être la question suivante : Pourquoi un électron ne tombe pas vers le noyau atomique ?

Ici, la prudence s'impose : en fait, le noyau n'attire pas l'électron vers le centre comme nous le croyons ; il ne s'agit pas d'une attraction*, le système tend simplement vers une symétrie et vers un équilibre.

* L'attraction n'est que l'apparence. Donc, le noyau n'attire pas l'électron vers le centre. Il s'agit simplement d'un agencement de la configuration géométrique pour établir un équilibre et une symétrie.

L'attraction est une conception en une dimension, tandis que la symétrie est une réalité en trois dimensions et le centre est une symétrie parfaite. Dans ce livre, l'auteur utilise les graphiques et les cubes pour faciliter la compréhension du lecteur, car la ligne droite n'existe que par conception. Seule une sphère a une configuration symétrique parfaite dans toute direction.

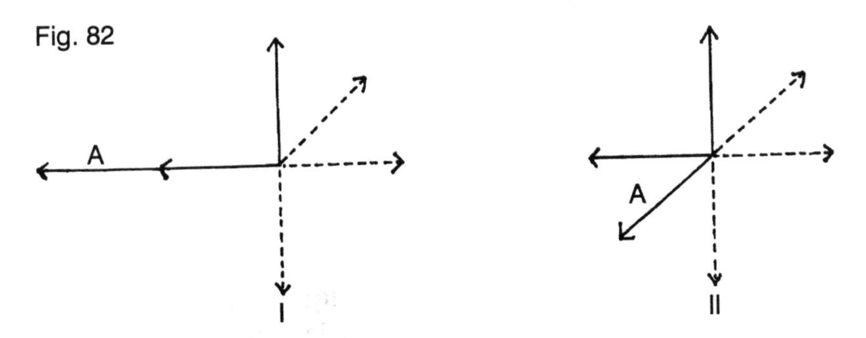

Le système (I) n'est pas en équilibre, ni symétrique. La flèche A semble être attirée vers le centre. En fait, cette flèche prendra une position pour que le système soit en équilibre et symétrique (II).

EXEMPLE VI

Fig. 83

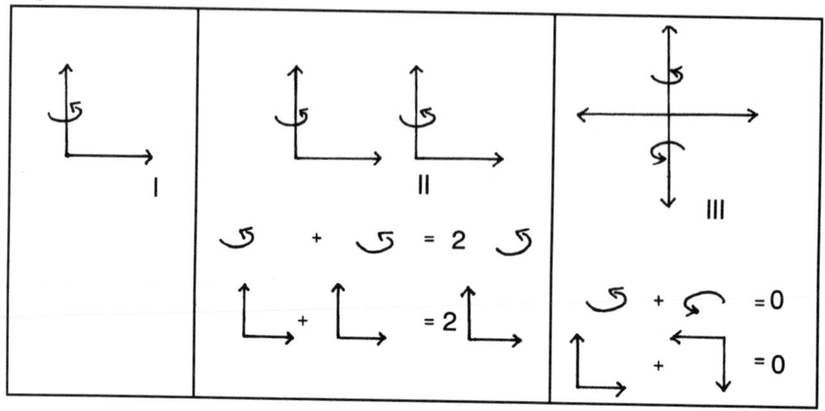

(I) représente une particule qui occupe deux dimensions. Selon la configuration, il est impossible d'admettre une autre particule dans le même endroit. Pour permettre à d'autres particules de se présenter au même endroit, il faut que la particule ait une configuration opposée (II), car tout système tend à retourner à son état original, c'est-à-dire à la symétrie.

EXEMPLE VII

Fig. 84

I II III

Une asymétrie crée la masse. (I) l'électromagnétisme et la gravitation sont symétriques. Donc, la masse est nulle.

(II) L'électromagnétisme et la gravitation sont asymétriques. Donc, la masse n'est pas nulle. Mais elle est présente et absente, car elle fluctue.

(III) Ce système est asymétrique : une augmentation de dimension est observée. La masse est présente.

La masse est la manifestation d'une asymétrie.

Dans un système parfaitement symétrique, la force est nulle. Une asymétrie engendre la force pour l'amener à la symétrie parfaite (état original qui est le vide).

EXEMPLE VIII

Fig. 85

I II III

(I) Les deux coexistent : superposable et opposé.

(II) Les deux s'annihilent : image-miroir.

(III) Les deux coexistent : image-miroir (non identique au niveau de la grandeur). La partie négative possède un degré de dimension inférieur.

Fig. 86

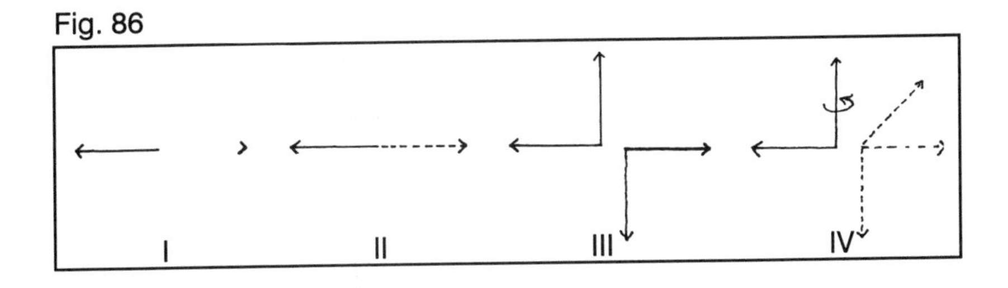

(Fig. 86) Les systèmes sont symétriques au point de vue de la configuration géométrique externe, mais la configuration interne n'est pas du tout symétrique.

(I) Superposable et opposé.

(II) Image-miroir.

(III) Identique et opposé.

(IV) Une rotation permet d'établir une symétrie en augmentant un degré de dimension.

1.3 La transformation d'un neutron en un proton

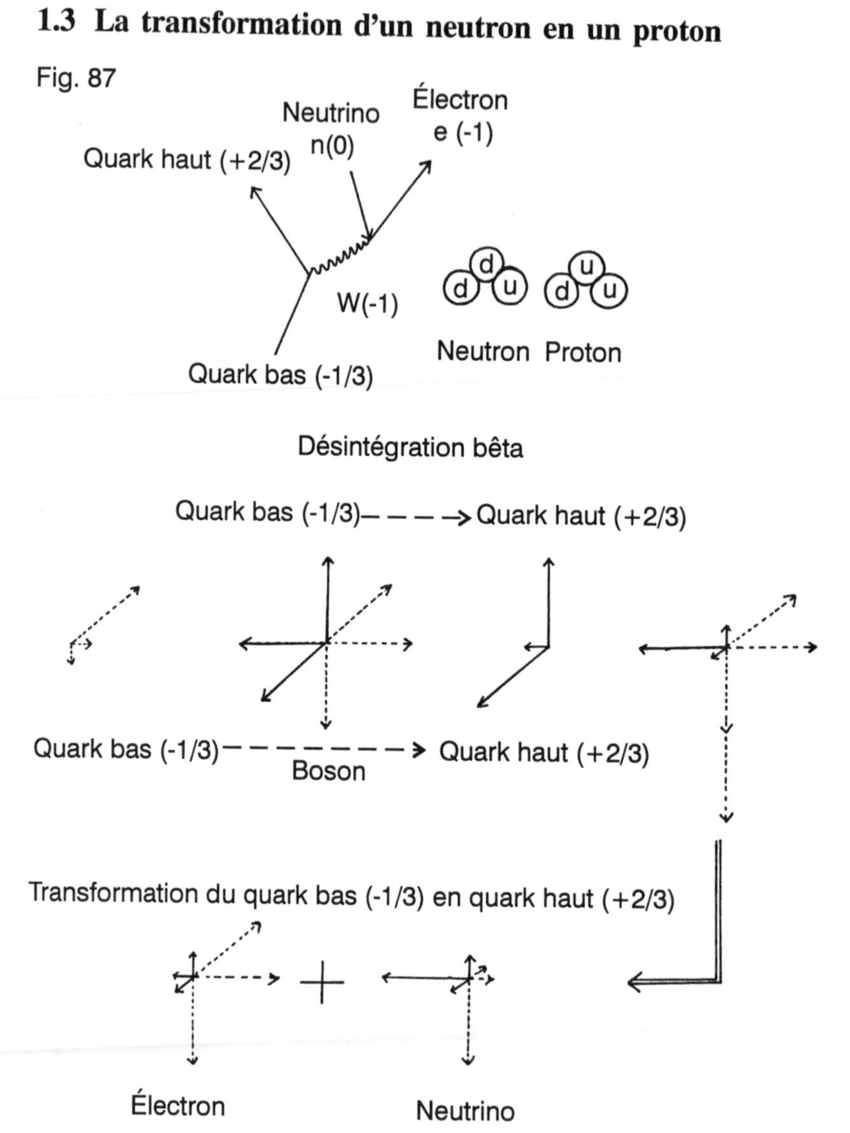

La transformation d'un neutron en proton par désintégration :
neutron (0) → proton (+) + électron (-) + neutrino
W-
3e dimension 3e dimension 2e dimension 1re dimension
Il y a un changement au niveau des quarks :
quark down (-⅓) → quark up (+⅔)

Fig. 87 (suite)

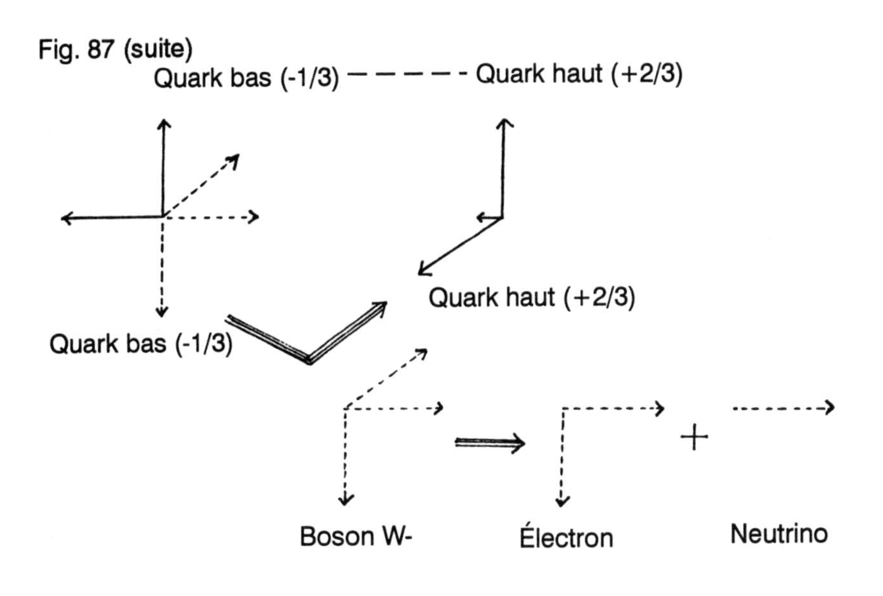

1.4 Le destin de la matière

Il existe différentes manières d'annihiler la matière. Dans la nature, il y a la désintégration spontanée. Sans aucune exception, aucune particule n'échappe à la désintégration et elle dépend de la quantité d'énergie du milieu pour préserver son intégrité. Un milieu énergétique ne préserve pas nécessairement son intégrité. Par exemple, un accélérateur de particules permet à ces dernières d'entrer en collision pour les détruire et pour créer de nouvelles particules. Pour préserver l'intégrité des particules, il faut que chaque composante d'énergie possède suffisamment d'énergie pour maintenir son existence. Une particule ne se désintègre pas de la même façon dans un champ électromagnétique intense ou dans un champ gravitationnel intense.

L'étoile lumineuse : « la force gravitationnelle qui domine le monde macroscopique n'a pas de limite, lorsqu'on laisse la matière libre de s'attirer sans aucune retenue, elle le fait indéfiniment. Or, si la force de gravitation s'exerce, comme nous croyons, de manière infinie, la pression interne, elle, n'est pas illimitée. Si la gravitation devient infinie, la force de pression s'exerçant sur les atomes deviendra infinie aussi. » Les atomes éclateront et se désintégreront en électromagnétisme. Cette voie permet de diminuer l'intensité de la force de gravitation. Si l'intensité est encore trop grande, une annihilation électromagnétisme-gravitation sera observée.

En fait, la force de gravitation n'est pas infinie. Un vide ne peut pas être étiré d'une façon infinie. Nous avons déjà mentionné qu'une fluctuation crée une quantité d'énergie positive et négative bien définie. De plus, la force de gravitation ne s'exerce pas de manière infinie : elle agit en établissant une symétrie avec le système*. Si la force de gravitation est trop intense, un électron pourra perdre sa dimension et deviendra des particules d'une dimension comme des neutrinos ou des photons ; la matière sera transformée en électromagnétisme pour établir un équilibre et une symétrie avec le système. L'énergie ne se repliera plus vers l'intérieur.

* Voir plus haut l'exemple « un électron tourne autour du noyau » ; l'attraction n'est que l'apparence. La force de gravitation ne nous attire plus vers le centre de la Terre.

La force électromagnétique et la force gravitationnelle sont superposables et opposées : plus la grandeur d'échelle tend vers la grandeur h, plus la force électromagnétique est importante ; plus la grandeur d'échelle est loin de la grandeur h, plus la force gravitationnelle est importante.

Fig. 88

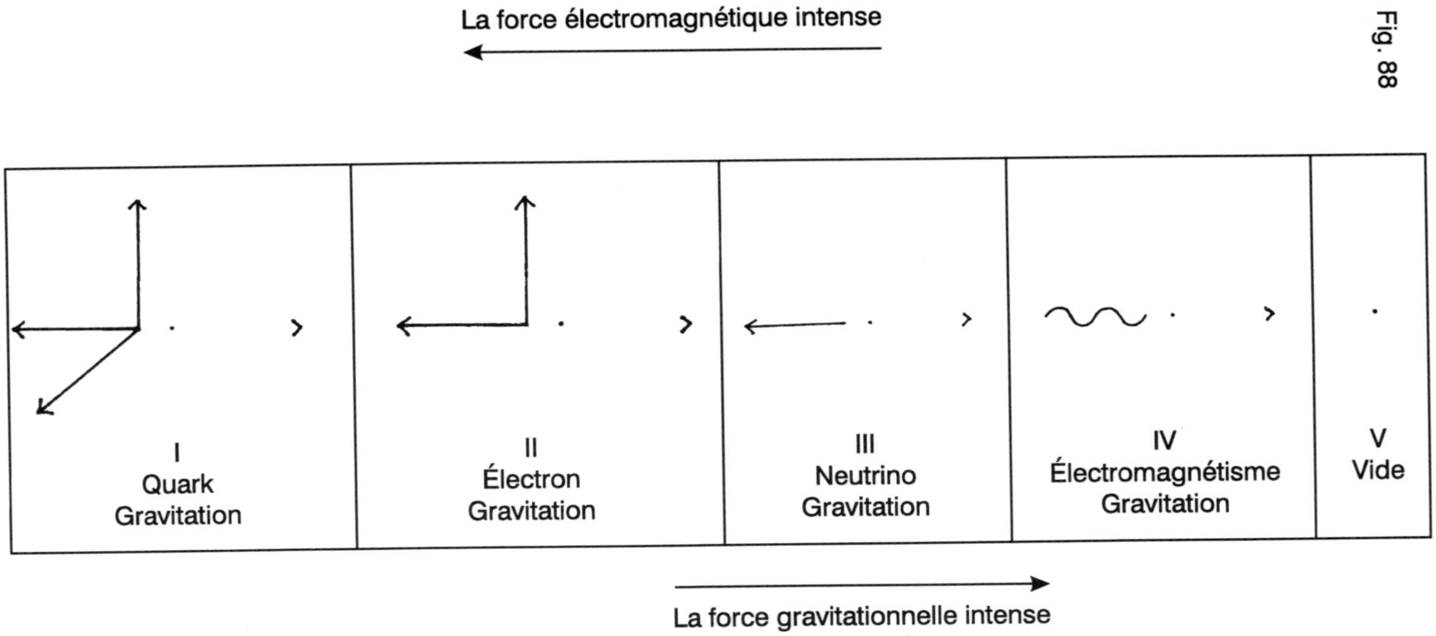

La force électromagnétique intense

I
Quark
Gravitation

II
Électron
Gravitation

III
Neutrino
Gravitation

IV
Électromagnétisme
Gravitation

V
Vide

La force gravitationnelle intense

Les particules se transforment selon l'intensité de la force électromagnétique et de la force gravitationnelle

Chapitre 6
L'univers

1. INTRODUCTION

L'Univers est symétrique et statique. Une fluctuation locale engendre une brisure de symétrie. Cette brisure crée un monde en trois dimensions. Par conséquent, notre monde est ainsi créé avec les deux forces fondamentales (forces électromagnétique et gravitationnelle) et deux mondes superposables et opposés. Nous vivons dans un monde réel et nous pouvons sentir un monde virtuel qui se superpose à notre monde réel. La partie de l'Univers où il n'y a pas de fluctuation est infinie, car cette dernière n'a pas de dimension ni de grandeur ; elle est homogène.

« L'Univers » représente le « Tout ». Si l'Univers est courbé, il existera une limite, une grandeur (plutôt un rayon de courbure), etc. Cela implique que le mot « Univers » représente une partie de l'Univers et nous ne devrons pas utiliser ce mot pour représenter cette partie de l'Univers.

L'Univers n'a pas un commencement ; une fluctuation locale représente un commencement local.

2. COSMOLOGIE

L'évolution des galaxies et des étoiles dépend des forces électromagnétique et gravitationnelle, puisque ces forces ont une action de longue portée.

La force intrinsèque peut influencer la trajectoire et la vitesse des galaxies.

2.1 Expansion stationnaire versus Big Bang

Fig. 89

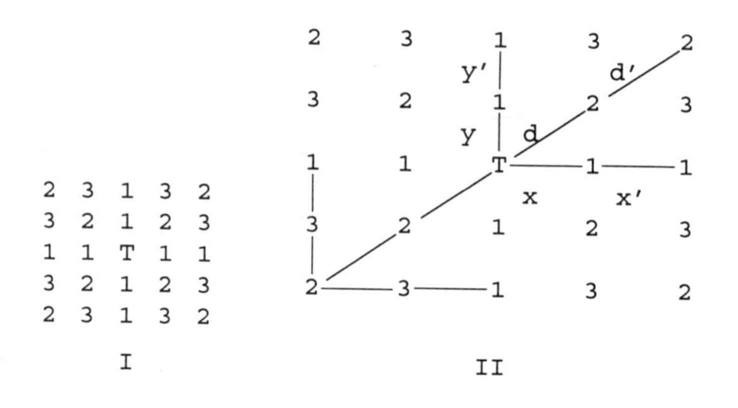

Expansion stationnaire : expansion proportionnelle et linéaire de tout point de l'Univers. Il n'existe pas un centre. Tout point de l'Univers est identique.

(II) Représente une expansion stationnaire : la relation entre les différents points est toujours identique. Soit $x = 2y$ et $d^2 = x^2 + y^2$. Si $x = x' \Rightarrow x' = 2y'$ et $(d')^2 = (x')^2 + (y')^2$.

La vitesse d'expansion du côté gauche est identique à celle du côté droite ; celle du haut est identique à celle du bas.

Big Bang : expansion proportionnelle et non linéaire. Il existe un centre de l'expansion.

En conséquence, la vitesse d'expansion n'est pas linéaire et elle est dictée par la direction par rapport au centre.

Soit (I) représente l'Univers en expansion à partir d'un point de départ (C). Si la théorie du Big Bang est valable, la vitesse relative des galaxies par rapport à la Terre est différente selon la position des galaxies par rapport au centre. L'orientation (a) représente une galaxie qui fuit la Terre et cette dernière se déplace à la même direction que la galaxie. L'orientation (e) représente une galaxie qui se dirige vers

Fig. 90

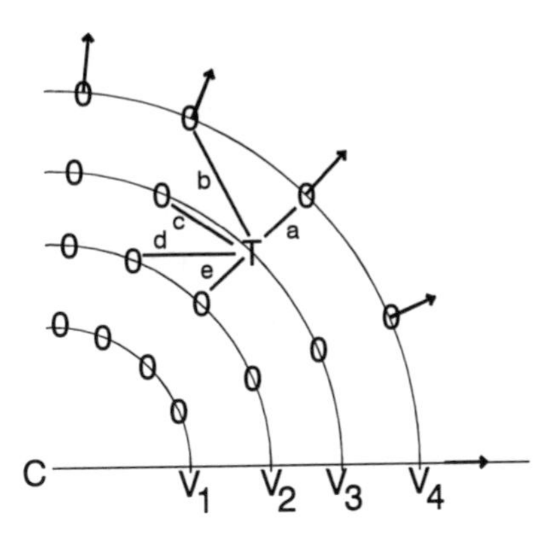

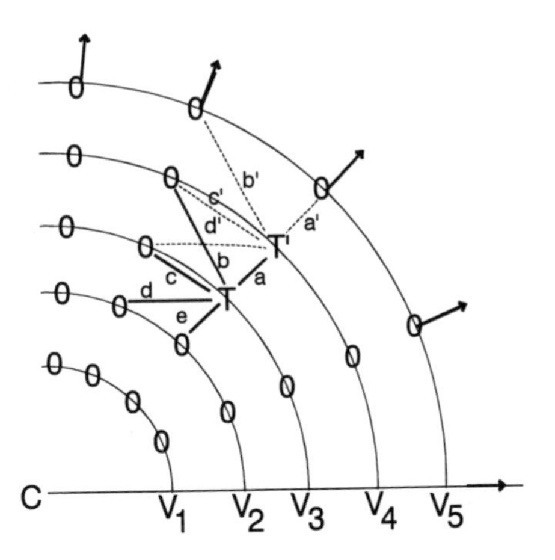

nous et la Terre s'éloigne de cette galaxie. L'orientation (c) représente une galaxie qui nous fuit à cause d'une augmentation de diamètre d'expansion et de son éloignement du centre. Nous pouvons comparer la Terre (T) avec la Terre (T') ainsi que les différentes orientations. La vitesse d'expansion varie dépendamment de la distance par rapport au centre.

À partir de la vitesse des galaxies, nous pouvons en déduire si la théorie du Big Bang est valable ou non. Il est important de noter que la vitesse des galaxies peut être modifiée par la force intrinsèque des galaxies et cette force peut modifier leur trajectoire.

2.2 Décalage vers la longueur d'onde plus longue

Décalage vers la longueur d'onde plus longue (énergie minimum)

Décalage vers la longueur d'onde de la lumière plus longue : comme nous avons déjà mentionné que tout système tend vers l'énergie minimum et vers la symétrie ; tout système doit être en équilibre avec le milieu. Le photon peut céder son énergie en fonction de sa distance : plus la distance parcourue est grande, plus longue sera la longueur d'onde. La vitesse de la lumière est constante indépendamment du système soit au repos, soit en mouvement, puisque le vide l'empêche de dépasser la vitesse de la lumière. Par contre, sa longueur d'onde peut varier dépendamment du milieu, si ce dernier peut transférer ou enlever son énergie au photon ou non. Si la galaxie en mouvement ne transfère pas son énergie au photon, il n'y aura pas de variation de longueur d'onde.

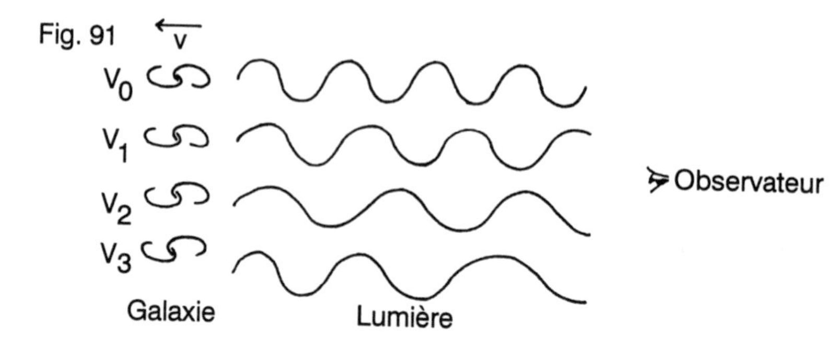

Soit la vitesse de la source de lumière en direction opposée à la direction de la lumière : V2 > V1 > V0 = V3.

Nous remarquons que V2 a une longueur d'onde plus longue que V1 et V0. Ceci est dû à une diminution de la quantité de vide par unité de temps. V3 possède une longueur d'onde plus courte que V2 au départ, mais V3 perdra son énergie, un observateur peut voir un décalage vers la longueur d'onde plus longue. Un observateur voit successivement V0, V1 et V2, il observera un décalage vers la longueur d'onde plus longue.

Un observateur fixe peut voir différentes longueurs d'onde de la lumière d'un même élément chimique émis par une galaxie fixe.

Fig. 92

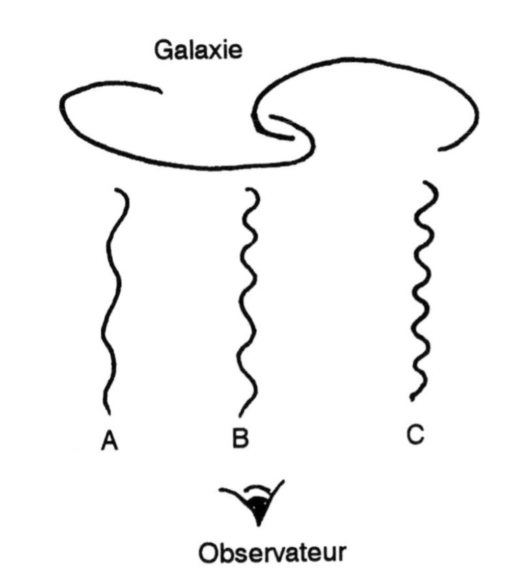

A : la longueur d'onde est longue par rapport à C.

B : la longueur d'onde deviendra de plus en plus longue (de C à A).

Cinq facteurs qui affectent la longueur d'onde de la lumière

1) Le champ gravitationnel : le vide étiré affecte la quantité de vide qu'un système occupe par unité de temps.

2) La source émettrice

La lumière émise par un gaz chauffé ou une vapeur présente une couleur très définie que nous pouvons analyser avec un spectroscope. Ce dernier révèle que l'intensité lumineuse se décompose en d'étroites lignes de longueur d'onde ou de fréquences. Chaque élément a son propre spectre et ce dernier peut décaler vers la longueur d'onde plus longue selon la source émettrice qui affecte les éléments.

3) La vitesse relative

Un système en mouvement peut transférer ou enlever l'énergie de la lumière. Une modification d'énergie de la lumière affecte sa longueur d'onde.

4) Le milieu

Tout système peut céder son énergie à un milieu ou vice versa, puisque tout système tend vers un équilibre, vers une énergie minimum et vers une symétrie parfaite avec le milieu.

5) La distance parcourue

La lumière perd de l'énergie en fonction de sa distance parcourue, car la lumière cède son énergie à son milieu.

2.3 **Matière ou anti-matière**

Nous remarquons que le positron, le quark ⅓ et le quark -⅔ n'existent pas dans la nature. En fait, ils existent. Si un électron rencontre un positron, ils s'annihilent mutuellement. Si un électron s'accroche sur une autre particule aussitôt qu'il existe, la positron ne peut pas l'annihiler (il en est de même pour les anti-quarks). Pour comprendre pourquoi notre monde est fait de matière et non d'antimatière : il faut qu'il soit l'un ou l'autre ; puisque l'un et l'autre sont identiques.

ABSTRACTION

Soit les dominos placés debout en formant un cercle ; si nous faisons tomber un dans un sens, tous les dominos tomberont dans le même sens. S'ils tombent dans les deux sens, les deux s'annuleront mutuellement...

Cette fluctuation penche soit vers la gauche, soit vers la droite ; jamais les deux en même temps. Si elle penche vers la gauche et vers la droite en même temps, il y aura une annihilation.

2.4 Symbole de l'Univers

Fig. 93

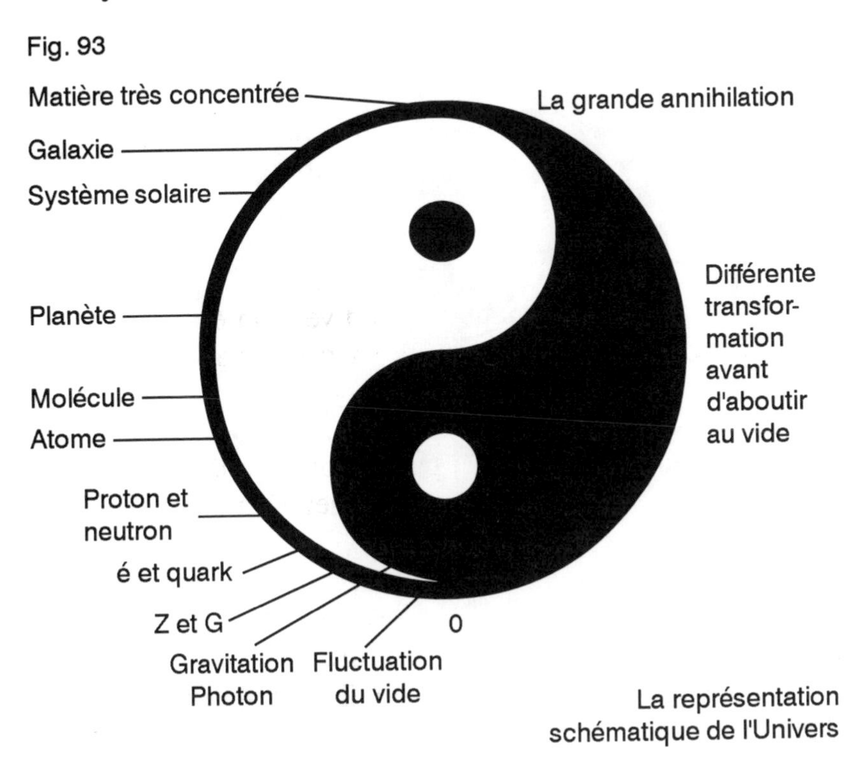

La représentation schématique de l'Univers

Pour dessiner le symbole de l'Univers, il faut diviser la sphère en deux parties égales (Yin et Yang), car une fluctuation engendre toujours deux parties égales. La ligne qui relie les deux points doit couper la sphère en deux parties égales. La relation du point avec la moitié du dessin doit donner le chiffre d'or, car cela représente une brisure de symétrie qui crée toujours une quantité bien définie et une configuration superposable et opposée. À l'intérieur du noir, nous retrouvons un point blanc : cela démontre qu'à l'intérieur du Yin, il y a toujours du Yang et vice versa, cela signifie aussi qu'il est possible de fractionner à l'infini et que la loi de la physique est valable peu importe la grandeur et la dimension. Cette sphère n'a pas une grandeur définie puisque l'Univers est infini et cette grandeur est relative.

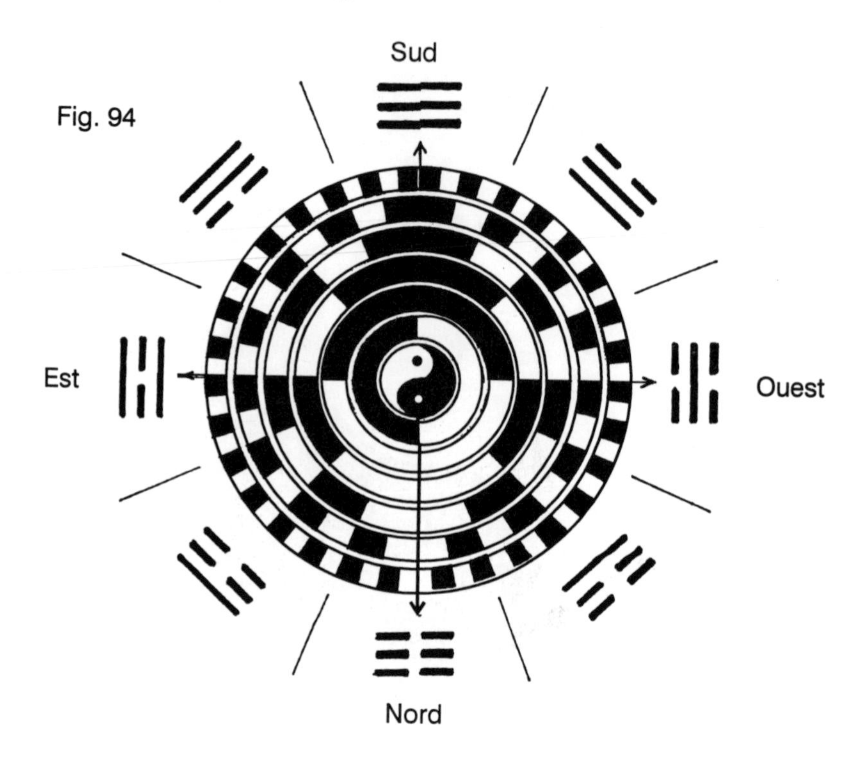

Ce symbole représente une brisure de symétrie jusqu'à l'apparition de l'homme (64 acides aminés). Après l'apparition de l'homme, deux symboles décrivent notre monde (le Ciel et la Terre). Les deux symboles utilisent la Terre comme point de référence...

3. DIEU EXISTE !

Avec l'avancement de la Science, nous avons oublié une partie de la science que nous appelons la science morale. Une société sans morale est comme une personne sans âme. Jusqu'à présent, la science n'a jamais donné une place au Dieu puisqu'elle se base sur l'observation et sur l'expérience. Or, selon le symbole de l'Univers, nous ne pourrons voir que la partie claire et nous pourrons peut-être sentir la partie noire. Il est dans cette partie…

Fig. 95

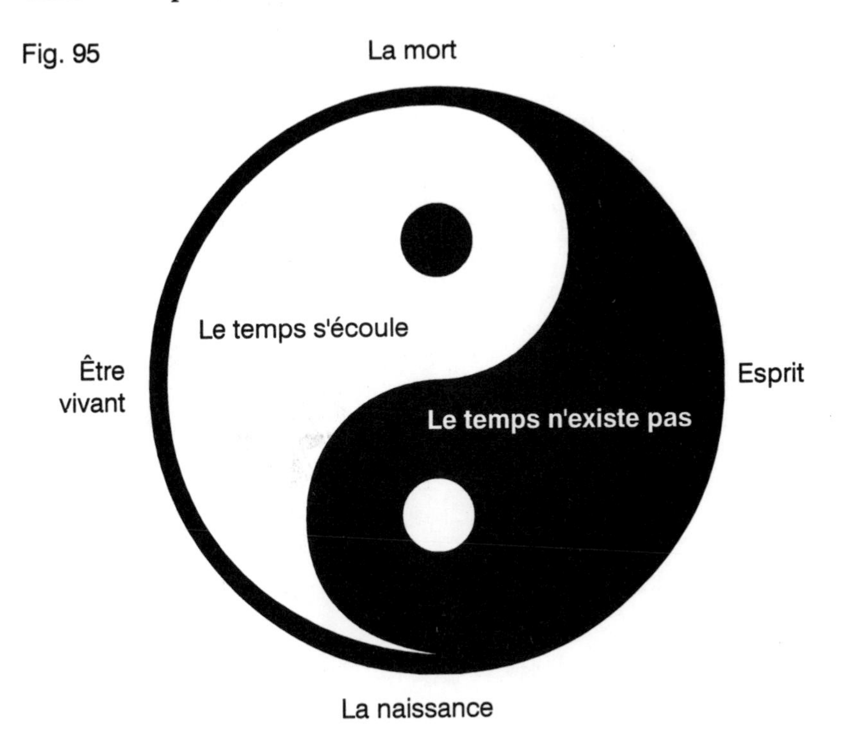

La représentation schématique de la vie humaine

Il existe deux mondes superposables et opposés : un monde en trois dimensions dont nous vivons avec le temps unidirectionnel et un monde virtuel sans dimension dont les esprits vivent avec le temps omnidirectionnel. Si le temps est omnidirectionnel, l'esprit pourra visionner notre passé comme notre futur. Par conséquent, il est possible de voir le passé et de prédire l'avenir. La force gravitationnelle n'attire pas l'esprit vers le centre gravitationnel. Donc, l'esprit peut flotter dans l'espace. Par contre, la lumière l'influence…

(N.B. : La réalité a toujours trois dimensions avec un temps unidirectionnel ; la virtualité n'a pas de dimension avec un temps omnidirectionnel.)

Avec la vitesse vectorielle de la lumière limitée, nous ne pouvons pas bâtir un empire galactique puisque les problèmes de communication seraient insolubles. Avec la variation d'échelle de grandeur, nous ne pouvons pas bâtir un empire de toute la grandeur, puisque le temps d'évolution d'un système varie selon la grandeur. En d'autres mots, pour conquérir notre Univers, il faut maîtriser la distance et la grandeur. En fait, la distance est une représentation en une dimension, tandis que la grandeur est une représentation en trois dimensions.

4. RÉSUMÉ

La théorie de la grande unification
Théorie de tout
Théorie de symétrie
Le principe de dualité
La grande unification
des quatre forces
Le principe de précision
Le principe de projection

5. CONCLUSION

L'Univers n'a pas un commencement, ni une fin. Il continue à fluctuer pour créer et pour détruire localement.

La force électromagnétique n'est pas l'infime partie de l'existence, puisque la force électrique et la force magnétique constituent la force électromagnétique. Ces composants peuvent être fractionnés à l'infiniment petit comme la matière se condense à l'infiniment grand. Un jour, peut-être nous pourrons décrire cet infiniment petit et cet infiniment grand ; cela sera simplement une description plus détaillée en respectant la théorie de symétrie qui est toujours valable de l'infiniment petit à l'infiniment grand.

Il n'existe pas de paradoxe dans ce monde, il existe seulement la mauvaise interprétation.

(.sésoppo sednom xued sel ertîannoc à snossissuér suon is nif as artîannoc étinamuh'L)

Pour vos commentaires,
veuillez écrire à :
Dr Peter Choy
10, rue Howard
Campbellton, N.-B.
Canada
E3N 2R9